CB081133

# O Argumento Financeiro e a Modulação de Efeitos no STF

# O Argumento Financeiro e a Modulação de Efeitos no STF

2020

Guilherme Villas Bôas e Silva

ALMEDINA

**O ARGUMENTO FINANCEIRO E A MODULAÇÃO DE EFEITOS NO STF**

AUTOR: Guilherme Villas Bôas e Silva

DIRETOR ALMEDINA BRASIL: Rodrigo Mentz
EDITORA JURÍDICA: Manuella Santos de Castro
EDITOR DE DESENVOLVIMENTO: Aurélio Cesar Nogueira
ASSISTENTES EDITORIAIS: Isabela Leite e Marília Bellio

DIAGRAMAÇÃO: Almedina
DESIGN DE CAPA: FBA

ISBN: 9786556271071
Novembro, 2020

Dados Internacionais de Catalogação na Publicação (CIP)
(Câmara Brasileira do Livro, SP, Brasil)

---

Silva, Guilherme Villas Bôas e
O argumento financeiro e a modulação de efeitos no STF / Guilherme Villas Bôas e Silva. -- 1. ed. -- São Paulo : Almedina, 2020.

Bibliografia
ISBN 978-65-5627-107-1

1. Direito financeiro 2. Direito tributário 3. Brasil. Supremo Tribunal Federal 4. Brasil. Supremo Tribunal Federal - Jurisprudência I. Título.

---

20-44510 CDU-347.991(81)(094.9)

Índices para catálogo sistemático:

1. Brasil : Supremo Tribunal Federal: Jurisprudência : Direito 347.991(81)(094.9)
Maria Alice Ferreira - Bibliotecária - CRB-8/7964

AVISO: O presente trabalho não representa parecer legal ou a opinião de Pinheiro Neto Advogados sobre o assunto tratado, mas apenas de seu autor, para fins acadêmicos.

Este livro segue as regras do novo Acordo Ortográfico da Língua Portuguesa (1990).



EDITORA: Almedina Brasil
Rua José Maria Lisboa, 860, Conj.131 e 132, Jardim Paulista | 01423-001 São Paulo | Brasil
editora@almedina.com.br
www.almedina.com.br

# PREFÁCIO

Os argumentos consequencialistas e o papel que exercem na justificação de decisões judiciais é tema de debate acadêmico e profissional intenso. É comum a afirmação de que os tribunais superiores decidem com base em fundamentos econômicos e políticos, distanciando-se do direito. O Supremo Tribunal Federal, por exemplo, quando julga sobre o alcance temporal de julgados em matéria tributária, com frequência se depara com argumentos relacionados às perdas arrecadatórias que a inconstitucionalidade em jogo pode gerar. Seriam essas razões válidas para decidir?

A discussão torna-se ainda mais relevante se observarmos o aumento do pedido de modulação de efeitos em matéria tributária ao longo dos anos e a piora progressiva da situação financeira nacional: decisões tributárias que impactem as finanças públicas podem reverberar muito negativamente em um cenário de contenção de gastos e contingenciamento de despesas. Nesse ponto, a modulação temporal dos efeitos das decisões corre o risco de se tornar instrumento relevante (e perigoso) de política fiscal.

A ponderação sobre as consequências de uma decisão tributária desfavorável às contas públicas não é recente. Em 2008, no contexto reconhecimento da inconstitucionalidade dos prazos de prescrição e decadência previstos na Lei nº 8.212/1991, o ministro Gilmar Mendes propôs a modulação de efeito da decisão, de modo que os pedidos de restituição de contribuições previdenciárias recolhidas sob o prazo alargado da lei somente fossem aceitos se apresentados até a data do julgamento do recurso – nesse caso, um dia antes da decisão sobre a modulação[1].

[1] Recurso Extraordinário nº 556.664, Relator Ministro Gilmar Mendes, Tribunal Pleno, julgado em 12/06/2008.

A decisão, a despeito de formalmente invocar a segurança jurídica, teve por escopo mitigar os impactos nos cofres da Seguridade Social. Desde então, o Tribunal já modulou efeitos de julgados em diversas outras ocasiões e os argumentos relacionados com os impactos nas contas públicas têm sido cada vez mais presentes.

Diante desse cenário, o estudo sistematizado desse tipo de argumento, e de como ele se insere no contexto mais geral da teoria da argumentação, é fundamental tanto para compreender a atuação do tribunal quanto para sofisticar os debates em torno da matéria. Os argumentos consequencialistas não se confundem com meras ilações econômicas sobre os efeitos dos julgados; trata-se de etapa fundamental na construção da justificação das decisões judiciais, ao lado da coerência e coesão[2].

Nesse sentido, a consequência que deve ser levada em conta no ato de decidir se relaciona com a capacidade de universalização de toda decisão judicial; a extensão da racionalidade para outros casos semelhantes é uma decorrência lógica e jurídica, inclusive por critérios de justiça formal.

Rigorosamente analisados, os argumentos consequencialistas são índices de correção do ato de decidir: serão aceitáveis as consequências (e, por esse critério, correta a decisão) se sua universalização não conflitar ou realizar valores relevantes à área do direito em questão. Para o direito tributário isso implica, de um lado, a necessidade de assegurar os valores inerentes ao Estado Democrático de Direito inaugurado pela Constituição de 1988, mas, também, viabilizar receitas públicas suficientes para a manutenção desse mesmo Estado. A ponderação sobre a prevalência de tais valores será realizada pelos juízes, por ocasião da justificação respectiva.

É nesse contexto teórico que o presente trabalho se insere. O autor deste livro analisa com rigor a utilização de argumentos econômicos nos julgados do Supremo Tribunal Federal, para responder em que medida esse tipo de alegação se faz presente nos casos modulação de efeitos das decisões em matéria tributária. A relevância do tema não poderia ser maior. Um rápido olhar pelos tópicos pendentes de decisão no Supremo Tribunal Federal mostra a indefinição dos efeitos temporais do julgado que excluiu o ICMS da base de cálculo da contribuição ao PIS e da COFINS – mais de 20 anos se passaram desde que o caso chegou

[2] Sobre o tema, MACCORMIK, Neil. *Rhetoric and the rule of law*. OUP: New York, 2005.

ao Tribunal. A ausência de uma decisão final se explica, em parte, pelos impactos financeiros em jogo: segundo alega a Fazenda Nacional, a ausência de modulação poderia resultar em prejuízos severos aos cofres públicos; algo que a União certamente não poderia suportar em meio à presente pandemia.

O mérito e a importância do trabalho de Guilherme Villas Bôas e Silva estão na delimitação de critérios para a modulação de efeitos justamente à luz de argumentos que suscitam o impacto financeiro da decisão. Para chegar a esse termo, o percurso construído pelo autor é primoroso: análise de todas as decisões proferidas pelo Supremo Tribunal Federal em matéria tributária em que a modulação de efeitos foi suscitada desde 1999, ano de publicação da Lei nº 9.868, que criou o instituto da modulação. Confere-se ao leitor material denso, a partir do qual é possível inferir, com clareza, a posição do tribunal na interpretação dos requisitos relativos ao instituto, quais sejam, "segurança jurídica" e "excepcional interesse social". Trata-se, não hesito em afirmar, do estado da arte da postura do Supremo quanto ao tema.

Ademais, para além de reconstruir e organizar a interpretação do tribunal no tema, o autor ainda avalia como a Fazenda Nacional se posicionou nos casos em que a modulação de efeitos era suscitada. A conclusão não poderia ser outra: a presença de argumentos financeiros tem sido cada vez mais presente, corroborando não apenas a relevância, mas também a necessidade da produção de pesquisa séria sobre o tema.

Compilados os dados fáticos, extraídos da pesquisa jurisprudencial, o autor apresenta, justifica e discorre sobre uma proposta possível e viável, da perspectiva prática e teórica, capaz de delimitar a atuação dos julgadores em tais causas, com foco no argumento financeiro: a modulação dos efeitos somente deve ser acolhida nos casos em que o impacto for previsível, expressivo e social. Como essa concomitância se dá, detalhadamente, o leitor encontrará nas páginas deste livro.

O resultado, de qualquer modo, será maior segurança jurídica e estabilidade para o ordenamento como um todo, sem prescindir de rigor técnico. Trata-se, como se vê, de obra essencial para aqueles que pretendem compreender de modo denso o comportamento do Supremo Tribunal Federal nos casos de modulação de efeitos em matéria tributária, sem ceder às necessárias considerações críticas e propositivas que têm o impacto potencial de alterar a forma como o instituto é aplicado.

Ao lado dos devidos elogios e aplausos ao trabalho que o leitor tem em mãos, eu não poderia terminar estas breves palavras sem fazer um relato pessoal sobre o autor. Guilherme Villas Bôas e Silva foi aluno dedicado do programa do mestrado profissional da Escola de Direito de São Paulo da Fundação Getulio Vargas. A seriedade na condução do curso se revela não apenas pela primorosa dissertação de mestrado, aprovada com nota e distinção máximas, mas, também, pelo desempenho nas disciplinas do curso e excelente relação travada com os demais docentes. Fruto não apenas da persistência voltada ao ingresso no programa, mas de evidente maturidade profissional.

Nesse percurso, eu tive o prazer de ser sua orientadora. Alunos como o Guilherme são aqueles pelos quais os professores de programa de pós-graduação stricto sensu disputam ter sob sua batuta. Para uma professora, nada mais satisfatório do que um discente que atende às demandas solicitadas, que reflete sobre as críticas e que entrega produtos de excelência. Por isso, é com enorme satisfação que redijo este prefácio.

Fico emocionada com a honra que me foi concedida, de apresentar um trabalho de envergadura, com rigor acadêmico e impactos práticos de relevância, mas, mais ainda, de ter podido acompanhar o trajeto do autor, desde a entrevista de ingresso no programa da Escola, quando seu entusiasmo e determinação já ficaram marcados, até o resultado da pesquisa, com aprovação aplaudida, sob banca rigorosa, e premiada no âmbito do programa.

Aos leitores, apenas posso recomendar a análise atenta das lições contidas neste livro. Estou certa de que a obra irá contribuir para o debate nacional em torno dos limites e critérios para a modulação de efeitos nas decisões do Supremo Tribunal Federal, além de ser leitura obrigatória para aqueles que estudam o tema, por razões profissionais ou acadêmicas. Parabenizo a editora Almedina, pelo acerto na publicação do livro, e o autor, com todas as honras que lhe são merecidas.

TATHIANE PISCITELLI

*Professora da FGV Direito SP*

*Coordenadora do Núcleo de Direito Tributário do Mestrado Profissional da FGV Direito SP*

*Doutora e mestre em Direito pela Faculdade de Direito da Universidade de São Paulo*

# SUMÁRIO

# Introdução

Nos últimos cinco anos, a cada cinco processos distribuídos no Supremo Tribunal Federal (STF), aproximadamente um deles possuía natureza tributária ou previdenciária. Apenas em 2018, dos 70.569 processos distribuídos até 10.9.2018, 16.317 processos decorrem de discussões fiscais ou previdenciárias, o que representa um percentual de 23,12% dos processos distribuídos. Confira-se, a esse respeito, os seguintes dados disponibilizados no sítio eletrônico do STF[3]:

| Acervo de processos do STF | | | |
|---|---|---|---|
| **Acervo em 31/12/2017**<br>45.437 | **Recebidos em 2018 (até 11.9.2018)**<br>70.804 | **Baixados em 2018**<br>72.979 | **Acervo atual (11.9.2018)**<br>41.686 |
| | | | |
| **Ano** | **Número de processos distribuídos (10.9.2018)** | **Tributários/Previdenciários** | **Percentual** |
| 2018 (até 10.9.2018) | 70.569 | 16.317 | 23,12% |
| 2017 | 102.232 | 19.874 | 19,44% |
| 2016 | 89.971 | 20.339 | 22,60% |
| 2015 | 93.557 | 23.488 | 25,10% |
| 2014 | 80.024 | 20.271 | 25,33% |

[3] Os dados apresentados podem ser conferidos no Anexo 2 ao presente trabalho e no seguinte sítio eletrônico: http://stf.jus.br/portal/principal/principal.asp

Diante desse cenário fático, é possível constatar que as discussões tributárias demandam uma constante definição do Supremo Tribunal Federal, com diversos processos pendentes de julgamento.

Por outro lado, no recente julgamento do Recurso Extraordinário nº 574.706, em que se discutiu a possibilidade de inclusão do imposto sobre operações relativas à circulação de mercadorias e sobre prestações de serviços de transporte interestadual, intermunicipal e de comunicação ("ICMS") na base de cálculo do programa de integração social ("PIS") e da contribuição para o financiamento da seguridade social ("COFINS"), a Fazenda Pública trouxe para o debate o argumento de que uma eventual decisão judicial desfavorável à sua tese impactaria as contas públicas[4] em duzentos e cinquenta bilhões de reais.

Como o STF possui muitas demandas tributárias e os valores envolvidos nesses processos são de grande relevância, a possibilidade de modulação dos efeitos das decisões judiciais passou a ter, nos últimos anos, um protagonismo especial na esfera tributária.

O tema a ser desenvolvido no âmbito do Programa de Mestrado Profissional em Direito Tributário da FGV Direito SP envolve a análise crítica do impacto que o argumento financeiro vem causando nas decisões do Supremo Tribunal Federal, em especial quando apresentado visando a modulação dos efeitos das decisões na esfera tributária, com a finalidade de se responder, ao final do presente trabalho, os seguintes quesitos:

- Como o Supremo Tribunal Federal analisa o impacto do argumento financeiro?
- O impacto do argumento financeiro, por si só, é suficiente para o Supremo Tribunal Federal determinar a modulação dos efeitos das suas decisões tributárias?
- Como o argumento financeiro é elaborado pela Fazenda Pública para pleitear a modulação de efeitos das decisões do Supremo Tribunal Federal?

[4] Em sua obra, Alfredo Augusto Becker traz com grande aprofundamento a sua análise e suas conclusões envolvendo o Orçamento Público. BECKER, Alfredo Augusto. *Teoria Geral do Direito Tributário*. 3ª ed., Editora Lejus, São Paulo, 1998, Capítulo III.

- Existe distinção entre a linha de argumentação trazida pela Fazenda Pública nos processos ou todos possuem a mesma argumentação?
- A LDO é levada em consideração nessa análise da Suprema Corte?
- Existe uma uniformidade nas decisões do Supremo Tribunal Federal ao acolher ou rejeitar a modulação dos efeitos envolvendo o argumento financeiro?

Com base em uma análise da origem normativa do instituto da modulação no cenário brasileiro, será verificado o atual panorama legislativo em que esse instituto se encontra. Na sequência, será averiguado o atual posicionamento da doutrina sobre a possibilidade de aplicação do efeito prospectivo no Direito brasileiro.

Em seguida, com base em um levantamento quantitativo e qualitativo de todas as decisões do Supremo Tribunal Federal em que houve debate sobre a modulação nos processos de natureza tributária, será efetuada uma análise crítica dessas decisões, de modo a verificar como o Supremo Tribunal Federal se posiciona quando a "segurança jurídica" e o "excepcional interesse social" são suscitados em uma discussão judicial.

Posteriormente, será verificado se a Corte Constitucional adota critérios constantes na modulação e, ainda, quais são os argumentos incidentais suscitados, a fim de se averiguar, entre outros pontos, se o argumento financeiro é suficiente para que uma decisão judicial tenha efeitos *ex nunc*.

Propõe-se, após avaliar o cenário atual, verificar a existência dos critérios utilizados pelo STF para fins de modulação na esfera tributária e criar parâmetros objetivos para haja a modulação dos efeitos de uma decisão na esfera tributária, quando o argumento financeiro for apresentado.

O objetivo final do presente trabalho é a apresentação de critérios objetivos a serem seguidos pelo Supremo Tribunal Federal, com a finalidade de se garantir a segurança jurídica tanto para os contribuintes, que saberão o alcance dos seus direitos, como para a Fazenda Pública, que poderá organizar o seu orçamento público de forma mais condizente com a sua realidade financeira. Feitas essas observações e ponderações introdutórias, serão aprofundados nos próximos capítulos os seguintes pontos:

**(i)** Capítulo 1: apresentação do instituto da modulação, do seu histórico normativo no país, do posicionamento da doutrina brasileira sobre o tema e a sua aplicabilidade na esfera tributária, além do posicionamento jurisprudencial antes da Lei nº 9.868/1999;

**(ii)** Capítulo 2: apresentação da pesquisa efetuada, dos critérios adotados e das principais características da jurisprudência do STF envolvendo a modulação dos efeitos na esfera tributária, a fim de demonstrar o efetivo posicionamento da Suprema Corte quando há uma discussão envolvendo a "segurança jurídica" e o "excepcional interesse social";

**(iii)** Capítulo 3: apresentação da proposta de critérios objetivos para que a modulação dos efeitos seja aplicável, nos processos tributários, quando houver uma discussão judicial envolvendo o impacto financeiro das decisões.

# 1.
# O instituto da modulação de efeitos no Brasil

O instituto da modulação dos efeitos das decisões não é uma característica presente apenas no Brasil. Trata-se de uma possibilidade de conferir efeito prospectivo à uma decisão judicial que, caso fosse aplicada de forma indiscriminada, ou seja, sem qualquer corte temporal, acabaria por ser mais prejudicial aos jurisdicionados.

Em que pese exista esse paralelo com a doutrina internacional e a possibilidade de se analisar comparativamente o STF e as Supremas Cortes de outros países[5], o presente trabalho não abordará o instituto da modulação no âmbito internacional.

Isso porque não se tem como finalidade a comparação entre a modulação que ocorre no Brasil e aquela existente em outros países. O que se pretende é compreender como efetivamente funciona esse instituto no Brasil, em especial envolvendo o argumento financeiro, para que possam ser adotados critérios objetivos nos futuros julgamentos.

Entretanto, para que haja uma clareza sobre as hipóteses em que a modulação poderá ser acolhida na seara tributária, deve ser analisada a sua origem legislativa e doutrinária no Brasil, com o intuito de se compreender seu status no âmbito nacional.

[5] Em seu livro, Fábio Martins de Andrade expõe uma análise aprofundada sobre o instituto da modulação em diversos países e a sua eventual compatibilidade quanto ao cenário brasileiro. ANDRADE, FÁBIO MARTINS. *Modulação em Matéria Tributária*. Editora Quartier Latin do Brasil, São Paulo, 2011.

## 1.1. O Cenário Normativo

A modulação dos efeitos é aplicada visando a guarda do texto constitucional, ou seja, por ser aquela a interpretação mais condizente com a Carta Magna e os princípios ali protegidos.

Todavia, antes de simplesmente avaliar o instituto da modulação sob a égide da Constituição Federal de 1988 (CF/1988), é necessário compreender como as Constituições Brasileiras pretéritas dispunham sobre a guarda do texto constitucional e como se chegou ao atual texto contido na Carta Magna de 1988.

A primeira Constituição Brasileira, promulgada em 1824, dispunha que a guarda da Constituição Federal caberia ao Congresso Nacional, nos seguintes moldes:

> Art. 13. O Poder Legislativo é delegado á Assembléa Geral com a Sancção do Imperador.
>
> Art. 14. A Assembléa Geral compõe-se de duas Camaras: Camara de Deputados, e Camara de Senadores, ou Senado.
>
> Art. 15. E' da attribuição da Assembléa Geral
> I. Tomar Juramento ao Imperador, ao Principe Imperial, ao Regente, ou Regencia.
> II. Eleger a Regencia, ou o Regente, e marcar os limites da sua autoridade.
> III. Reconhecer o Principe Imperial, como Successor do Throno, na primeira reunião logo depois do sem nascimento.
> IV. Nomear Tutor ao Imperador menor, caso seu Pai o não tenha nomoado em Testamento.
> V. Resolver as duvidas, que occorrerem sobre a successão da Corôa.
> VI. Na morte do Imperador, ou vacancia do Throno, instituir exame da administração, que acabou, e reformar os abusos nella introduzidos.
> VII. Escolher nova Dynastia, no caso da extincção da Imperante.
> VIII. Fazer Leis, interpretal-as, suspendel-as, e rovogal-as.
> IX.Velar na guarda da Constituição, e promover o bem geral do Nação.

Dessa forma, a primeira Constituição Brasileira tratava como uma atribuição da então Assembleia Geral a proteção ao texto constitucional, sem que houvesse qualquer referência ou delegação ao Poder Judiciário.

A Constituição Brasileira de 1891, por sua vez, manteve a guarda da Constituição como uma atribuição do Congresso Nacional. Todavia, passou-se a entender que essa guarda não seria mais privativa, nos seguintes termos:

> Art 35 – Incumbe, outrossim, ao Congresso, mas não privativamente:
> 1º) velar na guarda da Constituição e das leis e providenciar sobre as necessidades de caráter federal;

Com base nessa nova redação constitucional, pode ser percebida uma evolução na delegação de competência para proteção do texto constitucional, embora ainda não existisse qualquer referência expressa ao Poder Judiciário.

A Constituição Federal de 1934, por sua vez, foi promulgada em um novo momento político do país. O Brasil já não era mais um Império e tampouco uma República recente. Havia um desejo de mudança expressado nesse novo texto da Carta Magna, que passou a delegar a guarda constitucional para os entes federativos ao invés do Poder Legislativo:

> Art 10 – Compete concorrentemente à União e aos Estados:
> I – velar na guarda da Constituição e das leis;

Com essa inovação, passou-se a entender que não caberia mais a determinado poder velar pela Carta Magna, devendo essa obrigação ser compartilhada entre a União e os estados.

Em aproximadamente três anos, seria promulgada a Constituição Federal de 1937, com uma redação totalmente distinta. Contendo um viés centralizador e autoritário, essa Carta Magna simplesmente aboliu qualquer referência sobre a guarda do texto constitucional.

Não se dispunha mais como a Carta Magna seria protegida pois, no entender do presente trabalho, partia-se do pressuposto de que o então Presidente da República teria poderes de intervenção e de manutenção da ordem e do progresso.

Posteriormente, foi promulgada a Constituição Federal de 1946, que manteve essa exclusão de competência para proteção do texto constitucional. Dessa forma, constata-se que toda a evolução ocorrida até 1934, no sentido de que cada vez mais entes federativos seriam responsáveis pela guarda da Carta Magna, estava sendo novamente excluída.

Em 1967, mais uma vez foi promulgada uma Constituição Federal em cenário político rígido e conservador. O resultado da situação política do país obviamente impactou na redação da Carta Magna, que mais uma vez manteve a abolição envolvendo a guarda do texto constitucional.

Passados todos esses anos e cenários políticos, a Constituição Federal de 1988 foi promulgada. De forma notória, constata-se um alargamento de direitos e proteções em sua redação. As garantias fundamentais dos cidadãos estavam mais protegidas do que em qualquer Constituição pretérita.

No que se refere à sua guarda, pela primeira vez, passou-se a dispor que deveria existir um compartilhamento entre os entes federativos e o Poder Judiciário, representado pelo Supremo Tribunal Federal:

> Art. 23. É competência comum da União, dos Estados, do Distrito Federal e dos Municípios:
>
> I – zelar pela guarda da Constituição, das leis e das instituições democráticas e conservar o patrimônio público;

> Art. 102. Compete ao Supremo Tribunal Federal, precipuamente, a guarda da Constituição, cabendo-lhe:

Portanto, pela redação hoje vigente, cabe a todos os entes federativos, sem qualquer exceção, zelar pela guarda da Constituição Federal, o que mostra uma divisão desse poder. Por outro lado, pela primeira vez uma Constituição Brasileira delegou a guarda do texto constitucional ao Supremo Tribunal Federal, o que mostra que, a partir daquele momento, caberia ao Poder Judiciário, de forma ainda mais explícita, proteger o texto constitucional.

Uma vez compreendida a origem de como o STF se tornou o atual guardião da Constituição Federal, é necessário verificar, ainda, como se chegou ao atual cenário normativo e doutrinário envolvendo a possibilidade de modulação dos efeitos das decisões judiciais.

Como não havia, em 1988, qualquer legislação infraconstitucional que autorizasse o STF a aplicar o efeito *ex nunc*, a retroatividade dos efeitos era a regra geral adotada pela Suprema Corte. Uma vez que determinada lei era declarada inconstitucional, retroagia-se os efeitos dessa decisão desde a edição daquele ato normativo.

Todavia, passou-se a perceber que nem sempre a retroatividade geraria o resultado pretendido. Pelo contrário. Foi percebido que a simples declaração de nulidade de um ato infralegal, sem qualquer corte temporal, poderia gerar efeitos prejudiciais para os jurisdicionados.

Nesse cenário de lacuna normativa que autorizasse a modulação dos efeitos das decisões que surgiu o Projeto de Lei nº 2.960/1997, que dispunha sobre "o processo e julgamento da Ação Direta de Inconstitucionalidade e da Ação Declaratória de Constitucionalidade perante o Supremo Tribunal Federal."

De autoria do próprio Poder Executivo em 8.4.1997, esse projeto de lei visava o preenchimento das lacunas envolvendo o julgamento das ações diretas de inconstitucionalidade.

A sua exposição de motivos, por sua vez, trazia o resultado do trabalho de uma renomada comissão de juristas, entre os quais se encontravam os atuais Ministros Gilmar Mendes e Roberto Barroso, nos seguintes moldes:

> Tenho a honra de passar às mãos de Vossa Excelência anteprojeto de lei que disciplina o processo e julgamento da ação direta de inconstitucionalidade e da ação declaratória de constitucionalidade perante o Supremo Tribunal Federal.
>
> Trata-se de anteprojeto por Comissão para formular propostas de reforma das leis que dispõem sobre ação popular, ação civil pública, mandado de segurança e representação interventiva, bem como para propor projetos de lei sobre mandado de injunção, habeas data, ação direta de inconstitucionalidade e ação declaratória de constitucionalidade.
>
> Referencia Comissão de Juristas, composta pelos Professores Ada Pelegrini Grinover, Álvaro Villaça de Azevedo, Antonio Jamyr Dall'Agnol, ArnoldoWald, Carlos Alberto Direito, Gilmar Ferreira Mendes, Luiz Roberto Barroso, Manoel André da Rocha, Roberto Rosas, Ruy Rosado de Aguiar Juinio e Antonio Hernan Vasconcelos Benjamin e presidida pelo Professor Caio Tácito, apresentou, como resultado inicial dos trabalhos realizados, o anteprojeto de lei acima referido.
>
> A elaboração da primeira versão do referido anteprojeto ficou a cargo do Professor Gilmar Ferreira Mendes. Graças às sugestões dos membros da Comissão, diversas modificações foram introduzidas ao esboço por ele apresentado.

Assim, apesar de o projeto de lei ter sido de autoria do Poder Executivo, a sua redação foi debatida por grandes juristas brasileiros que se posicionaram pela necessidade de renovação na legislação até então vigente.

Além disso, as proposições apresentadas tiveram como influência as mudanças ocorridas em outros países e a doutrina internacional sobre o tema, a exemplo do seguinte trecho:

> Nos Estados Unidos, o chamado "*Branseis-Brief*" – memorial utilizado pelo advogado Louis D. Brandeis, no case Muller versus Oregon (1908), contendo duas páginas dedicadas às questões jurídicas e outras 110 voltadas para os efeitos da longa duração do trabalho sobre a situação da mulher – permitiu que se desmitificasse a concepção dominante, segundo a qual a questão constitucional configurava simples "questão jurídica" de aferição de legitimidade da lei em face da Constituição (cf., a propósito, Kermit L. Hall, The Supreme Court, p. 85.).
>
> Hoje, não há como negar a "comunicação ente norma e fato" (*Komminikation zwichen Norm und Sachverhalf*), que constitui condição da própria interpretação constitucional (cf., *Marenholz zwischen Wissenschaft und Richterkunst*, Homenagem aos 70 anos de Konrad Hesse, Heidelberg, 1990, p. 53 (54). É que o processo de conhecimento aqui envolve a investigação integrada de elementos fáticos e jurídicos (Marenholz, op. Cit. P. 54).
>
> Tem-se, assim, a proposta de um novo instituto que, se adotado, servirá para modernizar o processo constitucional brasileiro.

No que se refere à possibilidade de modulação dos efeitos das decisões, a exposição de motivos do Projeto de Lei nº 2.960/1997 inovou ao trazer expressamente essa possibilidade:

> Coerente com evolução constatada no Direito Constitucional comparado, a presente proposta permite que o próprio Supremo Tribunal Federal, por uma maioria diferenciada, decida sobre efeitos da declaração de inconstitucionalidade, fazendo um juízo rigoroso de ponderação entre o principio da nulidade da lei inconstitucional, de um lado, e os postulados da segurança jurídica e do interesse social, de outro (art. 27). Assim, o princípio da nulidade somente será afastado "*in concreto*" se a juízo do próprio Tribunal, se puder afirmar que a declaração de nulidade acabaria por distanciar-se ainda mais da vontade constitucional.

> Entendeu, portanto, a Comissão que, ao lado da ortodoxa declaração de nulidade, há de se reconhecer a possibilidade de o Supremo Tribunal, em casos excepcionais, mediante decisão da maioria qualificada (dois terços dos votos), estabelecer limites aos efeitos da declaração de inconstitucionalidade, proferindo a inconstitucionalidade com eficácia ex nunc ou pro futuro, especialmente naqueles casos em que a declaração de nulidade se mostre inadequada (v.g.: lesão positiva ao principio da isonomia) ou nas hipóteses em que a lacuna resultante da declaração de nulidade possa das ensejo ao surgimento de uma situação ainda mais afastada da vontade constitucional.

Com fundamento em situações cuja declaração de nulidade poderia "distanciar-se ainda mais da vontade constitucional", foi possibilitado ao STF declarar que as suas decisões passassem a ter efeito prospectivo.

Entretanto, desde a exposição de motivos foram trazidos alguns requisitos a serem seguidos para que não se aplicasse de forma indiscriminada o efeito *ex tunc.*

O primeiro deles está relacionado ao quórum. Para que fosse aplicado esse efeito prospectivo, não caberia apenas o voto de um Ministro. Para tanto, seriam necessários dois terços da Corte Constitucional, ou seja, oito Ministros votando no mesmo sentido.

Ademais, foram apresentados dois fundamentos jurídicos para que a modulação dos efeitos da decisão ocorresse, sendo eles (i) a segurança jurídica e (ii) o excepcional interesse social. Uma vez que esses requisitos estivessem configurados, a Suprema Corte poderia aplicar o efeito *ex nunc.*

Após alguns vetos parciais ao Projeto de Lei nº 2.960/1997, sob a justificativa de que alguns dispositivos originários prejudicariam a celeridade no julgamento das ações do controle concentrado de constitucionalidade[6], foi promulgada a Lei nº 9.868/1999, que trouxe, em seu artigo 27, a seguinte redação:

[6] Apenas a título exemplificativo, um dos vetos foi efetuado sob a seguinte justificativa: "É fato que o número de ações diretas de inconstitucionalidade e de ações declaratórias de constitucionalidade propostas perante o Supremo é bastante volumoso, de modo que a aplicação do dispositivo implicará custos elevados e comprometimento da celeridade do processo sem uma justificativa razoável. O objetivo de conferir publicidade já se encontra

> Art. 27. Ao declarar a inconstitucionalidade de lei ou ato normativo, e tendo em vista razões de segurança jurídica ou de excepcional interesse social, poderá o Supremo Tribunal Federal, por maioria de dois terços de seus membros, restringir os efeitos daquela declaração ou decidir que ela só tenha eficácia a partir de seu trânsito em julgado ou de outro momento que venha a ser fixado.

A Lei nº 9.868/1999 ainda trouxe outras questões de extrema relevância para as ações do controle abstrato de constitucionalidade, tais como (i) os requisitos da petição inicial[7]; e (ii) a regra geral de efeito prospectivo para as medidas cautelares[8].

Uma vez existindo um dispositivo legal que autorizasse o Supremo Tribunal Federal a conferir efeitos prospectivos às suas próprias decisões, se mostra imprescindível a verificação da cronologia normativa brasileira, com a finalidade de se atestar a existência de outros atos legais que também dispusessem sobre o instituto da modulação.

Durante mais de uma década, o artigo 27 da Lei nº 9.868/1999 permaneceu isolado. Após quase quinze anos sem a edição de qualquer lei que tratasse desse tema, foi editada a Lei nº 13.105/2015 (Código de Processo Civil), que trouxe, em seu artigo 927, §3º, o seguinte dispositivo:

> Art. 927. Os juízes e os tribunais observarão:
> (...)

assegurado, uma vez que é publicada no Diário da Justiça a distribuição de todas as ações diretas de inconstitucionalidade e de todas as ações declaratórias de constitucionalidade."

[7] "Art. 3º A petição indicará:
I – o dispositivo da lei ou do ato normativo impugnado e os fundamentos jurídicos do pedido em relação a cada uma das impugnações;
II – o pedido, com suas especificações.
Parágrafo único. A petição inicial, acompanhada de instrumento de procuração, quando subscrita por advogado, será apresentada em duas vias, devendo conter cópias da lei ou do ato normativo impugnado e dos documentos necessários para comprovar a impugnação."

[8] "Art. 11. Concedida a medida cautelar, o Supremo Tribunal Federal fará publicar em seção especial do Diário Oficial da União e do Diário da Justiça da União a parte dispositiva da decisão, no prazo de dez dias, devendo solicitar as informações à autoridade da qual tiver emanado o ato, observando-se, no que couber, o procedimento estabelecido na Seção I deste Capítulo.
§ 1º A medida cautelar, dotada de eficácia contra todos, será concedida com efeito *ex nunc*, salvo se o Tribunal entender que deva conceder-lhe eficácia retroativa."

> § 3º Na hipótese de alteração de jurisprudência dominante do Supremo Tribunal Federal e dos tribunais superiores ou daquela oriunda de julgamento de casos repetitivos, pode haver modulação dos efeitos da alteração no interesse social e no da segurança jurídica.

Sobre essa norma, Alexandre Câmara se posiciona da seguinte forma:

> A alteração ou superação da tese firmada no precedente vinculante, assim como se dá no caso de alteração de entendimento consolidado em jurisprudência constante, poderá ter seus efeitos modulados no tempo, de forma a preservar o interesse social e a segurança jurídica (art. 927, §3º).[9]

Dessa forma, é indispensável analisar como tal norma se relaciona com o artigo 27 da Lei nº 9.868/1999, a fim de se averiguar o status atual da legislação pátria.

O primeiro aspecto em desconformidade com o artigo 27 da Lei nº 9.868/1999 decorre dos requisitos para que o efeito *ex nunc* seja aplicado. Enquanto o Código de Processo Civil dispõe que deve haver o interesse social e a segurança jurídica para que ocorra a modulação, a Lei nº 9.868/1999 dispõe que esses fundamentos são alternativos, ou seja, basta a configuração de um deles para que exista a possibilidade de se conferir efeitos prospectivos às decisões judiciais.

O segundo aspecto distinto entre o Código de Processo Civil e a Lei nº 9.868/1999 decorre das hipóteses para que haja a modulação. Enquanto a lei pretérita não fazia qualquer diferenciação, o Código de Processo Civil tratou apenas e tão somente da hipótese em que houvesse a "alteração de jurisprudência dominante".

O terceiro ponto distinto entre o Código de Processo Civil e a Lei nº 9.868/1999 decorre da sua abrangência. Enquanto a Lei nº 9.868/1999 dispõe que apenas a Suprema Corte poderá modular os efeitos das suas decisões, o Código de Processo Civil possui uma norma direcionada aos juízes e Tribunais do país. Inclusive, no julgamento do Recurso Extraor-

[9] Câmara, Alexandre Freitas. *O Novo Processo Civil Brasileiro.* 2ª ed., Editora Atlas, São Paulo, 2016, pág. 438.

dinário nº 601.720, o Ministro Luiz Fux apontou que "isso é uma regra *in procedendo* dirigida aos juízes e aos tribunais."[10]

Embora ainda não tenha havido um posicionamento do STF sobre a relação entre essas duas normas, o entendimento adotado no presente trabalho é de que não são normas jurídicas conflitantes, mas sim complementares.

Como os requisitos para o acolhimento da modulação estão previstos de forma específica na Lei nº 9.868/1999, para que haja a aplicação do efeito *ex nunc* no âmbito do STF devem ser observadas as condições previstas no artigo 27, que no entender do presente trabalho já englobam a possibilidade de modulação quando houver a mudança de jurisprudência.

Entretanto, caso outros Tribunais ou juízes visualizem essa mudança de jurisprudência dominante, agora poderão modular os efeitos das suas respectivas decisões judiciais com fundamento no artigo 927, §3º do Código de Processo Civil.

Portanto, o ponto a ser observado é a quem cada norma se direciona. Enquanto o artigo 27 da Lei nº 9.868/1999 é direcionado para a Suprema Corte, o artigo 927, §3º do Código de Processo Civil é direcionado aos demais Tribunais e juízes, que poderão, em cada caso concreto e em respeito à alteração da jurisprudência dominante, aplicar o efeito prospectivo.

Essa autorização no âmbito de juízes e Tribunais se justifica em função da celeridade processual, pois a ausência dessa autorização legal poderia resultar em desnecessário alongamento até que o STF se posicionasse sobre determinada questão.

Cabe observar que, em todas as decisões analisadas no âmbito do STF, apenas o artigo 27 da Lei nº 9.868/1999 foi utilizado como fundamento legal para a modulação, o que comprova que o Código de Processo Civil ainda não foi utilizado pelo STF para a geração de efeitos prospectivos.

Por fim, em 25.4.2018 foi editada a Lei nº 13.655, que alterou a Lei de Introdução às Normas do Direito Brasileiro (LINDB), prevista no Decreto-Lei nº 4.657, de 4 de setembro de 1942.

[10] Supremo Tribunal Federal, Tribunal Pleno, Recurso Extraordinário nº 601.720, Relator Ministro Marco Aurélio, julgado em 19.4.2017, página 54.

Com a edição dessa nova lei, passaram a ser incluídos na LINDB alguns novos dispositivos legais. No que interessa ao presente trabalho, merece destaque o artigo 24 da referida lei, que assim dispõe:

> Art. 24. A revisão, nas esferas administrativa, controladora ou judicial, quanto à validade de ato, contrato, ajuste, processo ou norma administrativa cuja produção já se houver completado levará em conta as orientações gerais da época, sendo vedado que, com base em mudança posterior de orientação geral, se declarem inválidas situações plenamente constituídas.
>
> Parágrafo único. Consideram-se orientações gerais as interpretações e especificações contidas em atos públicos de caráter geral ou em jurisprudência judicial ou administrativa majoritária, e ainda as adotadas por prática administrativa reiterada e de amplo conhecimento público.

A orientação da referida norma é no sentido de se proteger aquelas situações plenamente constituídas. Segundo o referido artigo, podem ser entendidas como consolidadas aquelas situações que envolvem jurisprudência dominante sobre determinado tema.

Nesse panorama, em uma eventual mudança jurisprudencial sobre determinado tema que até então era pacífico, não poderia essa nova orientação prejudicar aqueles jurisdicionados que seguiam as "orientações gerais da época".

Para fins de modulação, essa norma pode ser interpretada como um reforço para que haja a modulação quando houver uma mudança da jurisprudência dominante. Todavia, não restou definido, na referida lei, o conceito de "jurisprudência judicial ou administrativa majoritária."

Portanto, não será objeto do presente trabalho a análise comparativa entre a referida norma, editada em 2018, perante o artigo 27 da Lei nº 9.868/1999, haja vista que o STF tampouco teve a oportunidade de se pronunciar sobre essa lei.[11]

De todo modo, vale lembrar que essa possibilidade de modulação com fundamento na mudança jurisprudencial já pode ser entendida

[11] Embora não seja o objeto do presente trabalho, vale destacar o artigo de Sarah Mila Barbassa, elaborado para o JOTA, no qual foi abordada a relação entre a LINDB e a possibilidade de modulação em matéria tributária. <https://www.jota.info/paywall?redirect_to=//www.jota.info/opiniao-e-analise/colunas/pauta-fiscal/lindb-e-modulacao-dos-efeitos-das-decisoes-em-materia-tributaria-20092018>

como incluída no conceito de "segurança jurídica", que é um dos fundamentos jurídicos previstos em lei desde 1999 e devidamente analisado pela Suprema Corte em determinadas situações concretas.

Uma vez demonstrado o atual cenário normativo que envolve a possibilidade de modulação dos efeitos das decisões judiciais, será objeto de análise o posicionamento da doutrina brasileira diante desse instituto.

## 1.2. O Cenário Doutrinário

As leis e os atos normativos, como regra geral, possuem a presunção de constitucionalidade. Para Luís Roberto Barroso, essa presunção "é uma decorrência do princípio da separação de Poderes e funciona como fator de autolimitação da atuação judicial."[12]

No entender do referido autor, os juízes e tribunais não devem declarar a inconstitucionalidade de uma lei ou ato normativo quando:

> a) A inconstitucionalidade não for patente e inequívoca, existindo tese jurídica razoável para preservação da norma;
>
> b) Seja possível decidir a questão por outro fundamento, evitando-se a invalidação de ato de outro Poder; e
>
> c) Existir interpretação alternativa possível, que permita afirmar a compatibilidade da norma com a Constituição.

Em que pese exista essa presunção de constitucionalidade, o Supremo Tribunal Federal se depara constantemente com discussões envolvendo a validade das normas tributárias, sendo necessário investigar a compatibilidade dessa norma perante a Carta Magna.

Alexandre de Moraes define essa verificação de compatibilidade no "controle de constitucionalidade", ao afirmar que "controlar a constitucionalidade significa verificar a adequação (compatibilidade) de uma lei ou de um ato normativo com a constituição, verificando seus requisitos formais e materiais."[13]

Quando a norma tributária não preenche os requisitos para confirmação da sua constitucionalidade, sejam eles formais ou materiais,

[12] Barroso, Luís Roberto. *Curso de Direito Constitucional Contemporâneo.* 1ª ed., Editora Saraiva, 2009, p. 300.

[13] Moraes, Alexandre de. *Direito Constitucional.* 24ª ed., Editora Atlas, São Paulo, 2018, p. 757.

ocorre, como regra geral, a decretação da sua inconstitucionalidade e consequentemente nulidade.

Sobre o tema, FÁBIO MARTINS DE ANDRADE ressalta que "a atribuição do efeito retroativo (ou *ex tunc*) à decisão judicial que declara a inconstitucionalidade, mesmo que não explícita na Lei Maior, decorre da sistemática própria do nosso complexo sistema jurisdicional de controle de constitucionalidade das leis e atos normativos, a partir da necessária obediência ao princípio da supremacia da Constituição."[14]

Portanto, como regra geral tem-se que, após a decretação de inconstitucionalidade de uma determinada norma, seus efeitos retroagirão desde o momento da sua edição.

Ocorre que, com milhares de processos sendo distribuídos anualmente ao STF[15], é comum que as normas jurídicas permaneçam em vigor durante anos até que a Suprema Corte possa se posicionar, de forma definitiva, sobre sua constitucionalidade.

Nota-se aí que uma eventual declaração de inconstitucionalidade dessa norma que, embora seja inconstitucional, tenha permanecido em vigor durante muitos anos, resultará em um impacto social para todos aqueles que se submetiam perante aquela ordem legal.

Se as decisões judicias do STF, por si só, já "provocam impactos diferentes em segmentos sociais diferentes – por renda, educação, sexo, religião, ideologia etc."[16], essa situação se torna ainda mais preocupante quando ocorre a declaração de inconstitucionalidade de uma norma que produziu efeitos durante muitos anos.

Nesse cenário de preocupação com o impacto social das decisões judiciais que surge, no âmbito da Suprema Corte, uma discussão sobre a possibilidade de se conferir efeitos prospectivos à declaração de inconstitucionalidade das normas.

Como apontado acima, até o final da década de noventa não havia um dispositivo legal que autorizasse a modulação dos efeitos suas decisões,

[14] ANDRADE, Fábio Martins de. *Modulação & STF*. 1ª ed., Editora Lumen Juris, Rio de Janeiro, 2016, p. 19.

[15] Apenas em 2018, de 1.1.2018 a 11.9.2018, foram distribuídos no STF 70.804 processos. A íntegra dos números pode ser verifica no anexo 1 ao presente trabalho.

[16] FALCÃO, Joaquim. *O Supremo*. 1ª ed., Editora Edições de Janeiro, Rio de Janeiro, 2015, p. 86.

independentemente de quem suscitava ou recomendava esse pleito. Esse cenário se modificou após a edição da Lei nº 9.868/1999.

Com a edição da referida lei, o ordenamento jurídico brasileiro passou a ter uma norma que, de forma excepcional, possibilitava a declaração de inconstitucionalidade com efeitos prospectivos, evitando-se assim que a declaração de inconstitucionalidade não estivesse mais totalmente conectada com a nulidade da norma impugnada.

Por trazer uma regra que, a princípio, somente seria aplicável para as hipóteses de declaração de inconstitucionalidade das normas, surge a primeira dúvida: se a modulação também seria aplicável no controle difuso.

Sobre o tema, Gilmar Ferreira Mendes expõe no seguinte sentido:

> A declaração de inconstitucionalidade *in concreto* também se mostra passível de limitação de efeitos. A base constitucional dessa limitação – necessidade de um outro princípio que justifique a não aplicação do princípio da nulidade – parece sugerir que, se aplicável, a declaração de inconstitucionalidade restrita revela-se abrangente do modelo de controle de constitucionalidade como um todo. É que, nesses casos, tal como já argumentado, o afastamento do princípio da nulidade da lei assenta-se em fundamentos constitucionais e não em razão de conveniência. Se o sistema constitucional legitima a declaração de inconstitucionalidade restrita no controle abstrato, essa decisão poderá afetar, igualmente, os processos do modelo concreto ou incidental de normas. Do contrário, poder-se-ia ter inclusive um esvaziamento ou uma perda de significado da própria declaração de inconstitucionalidade restrita ou limitada.[17]

De acordo com o referido autor, a modulação dos efeitos não deveria permanecer limitada ao controle abstrato de constitucionalidade, por exemplo, em uma ação direta de inconstitucionalidade, podendo também ser aplicada essa técnica de julgamento para o controle difuso, ou seja, em eventual recurso extraordinário.

O posicionamento da Suprema Corte, na evolução jurisprudencial que será detalhada em capítulo próprio, incorporou esse entendimento

[17] Mendes, Gilmar Ferreira. *Curso de Direito Constitucional*. 13ª ed., Editora Saraiva, São Paulo, 2018, p. 1.291.

e também passou a aceitar a possibilidade de modulação no controle difuso de constitucionalidade[18].

Apesar da aceitação desse instituto para o controle difuso, nem sempre a Suprema Corte se depara apenas com a inconstitucionalidade de uma norma, seja em controle concentrado ou difuso. Ao analisar uma mesma norma, o STF pode modificar sua interpretação, passando a adotar novo entendimento sobre o mérito em discussão.

Trata-se de uma nova forma de interpretar a Constituição. Sobre o tema, Luís Roberto Barroso expõe que:

> A grande virada na interpretação constitucional se deu a partir da difusão de uma constatação que, além de singela, nem sequer era original: não é verdadeira a crença de que as norma jurídicas em geral – e as constitucionais em particular – tragam sempre em si um sentido único, objetivo, válido para todas as situações sobre as quais incidem. E que, assim, caberia ao intérprete uma atividade de mera revelação do conteúdo preexistente na norma, sem desempenhar qualquer papel criativo na sua concretização. No direito contemporâneo, mudaram o papel do sistema normativo, do problema a ser resolvido e do intérprete.[19]

Dessa forma, é possível que a Suprema Corte, ao analisar uma mesma norma já discutida no passado, passe a ter nova interpretação, sem que isso necessariamente resulte na sua declaração de inconstitucionalidade. Pelo contrário. A ideia por trás dessa mudança de entendimento é a de tornar a nova interpretação mais condizente com o texto constitucional.

Nessa hipótese, é imprescindível conferir se também seria possível a aplicação do efeito *ex nunc*. Essa situação foi analisada, por exemplo, no Recurso Extraordinário nº 593.849, em que se discutia a possibilidade de restituição do ICMS substituição tributária para frente, caso a base efetiva fosse menor do que aquela presumida anteriormente.

No mérito do recurso, a Suprema Corte fixou a tese de que "é devida a restituição da diferença do Imposto sobre Circulação de Mercadorias

[18] Todas as decisões do controle difuso em que modulação foi acolhida estão delineadas no anexo 1 ao presente trabalho.

[19] Barroso, Luís Roberto. *Curso de Direito Constitucional Contemporâneo.* 1ª ed., Editora Saraiva, 2009, p. 307.

e Serviços – ICMS pago a mais no regime de substituição tributária para frente se a base de cálculo efetiva da operação for inferior à presumida".

Entretanto, por se tratar de uma mudança de entendimento do próprio STF sobre a interpretação do texto constitucional[20], a modulação dos efeitos foi acolhida.

No debate sobre a modulação, o Ministro Luís Roberto Barroso ainda se posicionou no sentido de que "mudar uma interpretação consolidada, em matéria tributária, que vigore há mais de dez anos, como é o caso aqui, eu entendo que corresponda a uma mudança da norma tributária. E consequentemente, como regra geral, se impõe a modulação."[21]

Portanto, a doutrina majoritária brasileira, liderada pelos Ministros do STF, tem admitido a modulação dos efeitos das decisões judiciais nas seguintes hipóteses:

> (i) controle abstrato de constitucionalidade;
> (ii) controle difuso de constitucionalidade; e
> (iii) mudança jurisprudencial sobre a interpretação do texto constitucional.

O quórum para a modulação, por sua vez, é o de dois terços dos Ministros da Suprema Corte, o que equivale a uma necessidade de oito Ministros acolhendo a modulação. Por ser uma situação extraordinária, faz-se necessário um quórum alto e condizente com a importância de uma decisão como essa, que, na prática, não resultará na imediata decretação de nulidade da norma impugnada.

Todavia, em função do artigo 27 da Lei nº 9.868/1999 apenas dispor sobre a inconstitucionalidade das normas, se mostra indispensável esclarecer se esse mesmo quórum também seria aplicável para as demais hipóteses sujeitas à modulação.

20 "Art. 150. Sem prejuízo de outras garantias asseguradas ao contribuinte, é vedado à União, aos Estados, ao Distrito Federal e aos Municípios:
(...)
§ 7º A lei poderá atribuir a sujeito passivo de obrigação tributária a condição de responsável pelo pagamento de imposto ou contribuição, cujo fato gerador deva ocorrer posteriormente, assegurada a imediata e preferencial restituição da quantia paga, caso não se realize o fato gerador presumido."

21 Supremo Tribunal Federal, Tribunal Pleno, Recurso Extraordinário nº 593.849, Relator Ministro Edson Fachin, julgado em 19.10.2016, página 41.

No Recurso Extraordinário nº 723.651, em que se discutia a possibilidade de incidência do IPI nas operações de importação efetuadas por não contribuintes, o STF também mudou o seu entendimento pretérito e passou a entender pela possibilidade de exigência do referido imposto nas operações de importação para uso próprio.

Entretanto, ao se discutir a possibilidade de modulação, o Ministro Luís Roberto Barroso expôs que, no seu entendimento, "quando a modulação se dê fora de situações de declaração de inconstitucionalidade, eu acho que aplica-se a regra da maioria absoluta."[22]

O Ministro Celso de Mello, por sua vez, adotou o mesmo entendimento. Confira-se:

> Também eu partilho dessa posição, pois entendo que, fora das hipóteses de declaração de inconstitucionalidade, a eficácia prospectiva poderá ser determinada por maioria absoluta.

Apesar desses posicionamentos individuais, a Suprema Corte, por maioria de votos, entendeu que seria necessário o quórum de dois terços dos Ministros do STF, independentemente do caso em análise. Uma vez debatida a modulação, serão imprescindíveis oitos Ministros para que ela seja acolhida,

Apesar de o artigo 27 da Lei nº 9.868/1999 dispor sobre a possibilidade de aplicação do efeito *ex nunc* às decisões do STF, a regra geral na declaração de inconstitucionalidade das normas permanece sendo aquela com efeitos retroativos. O que se passou a permitir, que reste claro, foi uma exceção à essa regra geral, quando estivesse configurado o requisito da (i) segurança jurídica ou do (ii) excepcional interesse social.

Uma vez preenchido um desses requisitos, de forma alternativa e não cumulativa, poderá a Suprema Corte limitar a sua declaração de inconstitucionalidade.

No entender do presente trabalho, em que foi analisada toda a jurisprudência do STF envolvendo a modulação em temas tributários, a segurança jurídica está relacionada com a manutenção da própria jurisprudência da Suprema Corte, a fim de se evitar surpresas prejudiciais a todos aqueles que agiam baseados no entendimento até então pacífico

[22] Supremo Tribunal Federal, Tribunal Pleno, Recurso Extraordinário nº 723.651, Relator Ministro Marco Aurélio, julgado em 4.2.2016, página 112.

sobre determinado tema. Por esse requisito estar intrinsicamente relacionado com a uniformidade das decisões judiciais, uma vez constatada determinada mudança de entendimento, poderá a Corte Constitucional modular os efeitos da sua própria decisão.

Sobre o tema, HUMBERTO ÁVILA se posiciona no mesmo sentido, ao defender que deve haver um respeito com as posições anteriormente consolidadas:

> Com isso se quer afirmar que o Poder Judiciário, embora esteja vinculado aos seus precedentes, pode, sim, mudar de orientação, desde que o faça de maneira fundamentada e com respeito às posições anteriormente consolidadas sob a orientação pronunciada. Ele pode mudar, desde que o faça de maneira estruturada ou suave, graças ao dever de respeito às decisões anteriores e à necessidade de freios à mudança. O princípio da segurança jurídica serve, precisamente, de critério para nortear essa avaliação.[23]

O excepcional interesse social, por sua vez, possui uma terminologia mais abstrata. O professor ALCIDES JORGE COSTA, em prefácio do livro do professor HUMBERTO ÁVILA, expôs exatamente a sua preocupação com o conceito indeterminado que envolve o "excepcional interesse social":

> A segurança jurídica na modulação é detidamente examinada pelo Autor. Entretanto, e certamente porque a obra cuida da segurança jurídica, o mesmo não acontece quando a modulação resulta, nos termos da lei, de "excepcional interesse social", conceito bastante indeterminado. Como diz Karl Engisch em sua *Introdução ao Pensamento Jurídico* (tradução portuguesa, edição da Fundação Calouste Gulbenkian, 2ª edição, Lisboa, 1968, p. 173) entende-se por indeterminado "um conceito cujo conteúdo e extensão são em larga medida incertos". É o que acontece com o conceito de "excepcional interesse social, uma vez que a par do interesse social ainda há a excepcionalidade. Interesse para quem? Para toda a sociedade ou de um de seus segmentos? Haveria outras perguntas a fazer, mas este não é o lugar apropriado.[24]

[23] ÁVILA, Humberto. *Segurança Jurídica*. Editora Malheiros, São Paulo, 2011, página 463.
[24] ÁVILA, Humberto. *Segurança Jurídica*. Editora Malheiros, São Paulo, 2011, prefácio.

Espera-se, assim, com a conclusão do presente trabalho, conferir maior objetividade ao conceito de "excepcional interesse social" e assim responder aos questionamentos formulados pelo professor ALCIDES JORGE COSTA.

De todo modo, é imprescindível esclarecer que é nesse último fundamento que está inserido o argumento financeiro consequencialista, uma vez que apenas com um impacto gravíssimo e excepcional às contas públicas que se poderá iniciar a discussão sobre a existência ou não de interesse social suficiente para resultar na modulação dos efeitos de uma decisão judicial.

Como será demonstrado de forma mais detalhada na apresentação da jurisprudência do STF sobre a modulação em processos de natureza tributária, nem sempre ocorreu essa dissociação técnica entre os fundamentos necessários para a modulação.

Trazidas as principais características apontadas pela doutrina brasileira envolvendo o instituto da modulação no âmbito do STF, passará a ser abordado o surgimento desse debate nos processos tributários perante a Suprema Corte.

### 1.3. Análise do posicionamento do Supremo Tribunal Federal, na esfera tributária, antes da Lei nº 9.868/1999

Como já apontado acima, somente com o artigo 27 da Lei nº 9.868/1999 que o STF passou a ter uma norma autorizativa para modular os efeitos das suas decisões judiciais.

Todavia, o fato dessa norma ter surgido em 1999 não excluía a possibilidade de discussão, no âmbito da Corte Constitucional, sobre a possibilidade de aplicação do efeito *ex nunc* aos processos de natureza tributária.

Assim, se mostra importante perceber como era a discussão jurisprudencial antes da edição da Lei nº 9.868/1999. Para fins demonstrativos, serão apontados no presente trabalho os principais julgamentos em que se consolidou o posicionamento jurisprudencial daquele período.

Para tanto, levou-se em consideração todos os processos tributários anteriores à edição da Lei nº 9.868/1999 e se extraiu dois casos em que esse debate foi mais aprofundado pelos Ministros da Suprema Corte.

Na Ação Direta de Inconstitucionalidade nº 513, apesar de ter sido julgada em 14.6.1991, houve um significativo debate sobre esse tema.

Discutia-se naqueles autos a constitucionalidade do artigo 11, parágrafo único, da Lei nº 8.134/1990, publicada em 28.12.1990, que assim dispunha:

> Art. 11. O saldo do imposto a pagar ou a restituir na declaração anual (art. 9º) será determinado com observância das seguintes normas:
>
> (...)
>
> Parágrafo único. O coeficiente de correção monetária (inciso III) corresponderá a um doze avos da soma das variações do valor do Bônus do Tesouro Nacional – BTN, apuradas entre o mês de janeiro do exercício financeiro e cada um dos meses do ano-base. A apuração será feita até a segunda casa decimal, desprezando-se as outras.

Em linhas gerais, o Partido Democrático Trabalhista pleiteava a declaração de inconstitucionalidade da referida norma por entender que haveria a violação ao princípio constitucional da irretroatividade[25], já que o novo critério apresentado para indexação do imposto de renda estava sendo aplicado a fatos geradores pretéritos à sua vigência.

Em seu voto, o Ministro Célio Borja, como Relator do processo, expôs que "suscita o d. Advogado Geral da União a conveniência de declarar-se a inconstitucionalidade sem a cominação de nulidade, a fim de evitar lacuna jurídica ameaçadora (Bedrohliche Rechtslucke)." Ainda que de uma forma sutil, o pleito da Fazenda Pública naqueles autos foi o de não se aplicar o efeito geral e *ex tunc* à declaração de inconstitucionalidade da referida norma.

Em resposta, o referido Ministro Relator defendeu que "não há ameaça declarada à solvência do Tesouro, à continuidade dos serviços públicos ou a algum bem política ou socialmente relevante que obrigue o Tribunal, no exercício de jurisdição constitucional, a impedir ou suspender o efeito próprio, no Brasil, da declaração de inconstitucionalidade da norma jurídica, que é a sua nulidade."

[25] "Art. 5º Todos são iguais perante a lei, sem distinção de qualquer natureza, garantindo-se aos brasileiros e aos estrangeiros residentes no País a inviolabilidade do direito à vida, à liberdade, à igualdade, à segurança e à propriedade, nos termos seguintes:

(...)

XXXVI – a lei não prejudicará o direito adquirido, o ato jurídico perfeito e a coisa julgada;"

O Ministro Celso de Mello, por sua vez, ao analisar a discussão sobre a inconstitucionalidade das normas, afirmou em seu voto que "a lei inconstitucional, por ser nula e, consequentemente, ineficaz, reveste-se de absoluta inaplicabilidade". Em relação à possibilidade de se conferir efeitos prospectivos à uma declaração de inconstitucionalidade, o referido Ministro expressou o seu posicionamento da seguinte forma:

> A teoria da prospectividade da eficácia da decisão declaratória de inconstitucionalidade - verdadeiro tema "de jure constituendo - não encontra apoio em nosso sistema jurídico, pois, no Brasil - e este praticar aspecto da questão tem sido amplamente ressaltado pela jurisprudência do Supremo Tribunal Federal - o pronunciamento desta Corte, em sede jurisdicional concentrada, é genérico, vinculante, obrigatório, além de retroagir, em seus efeitos e consequências, até o nascimento da própria norma impugnada (RTJ 82/791 - 87/758 - 89/367). "Declarada a inconstitucionalidade de uma lei, ela alcança, inclusive, os atos do passado praticados com base nessa lei." (RTJ 19/127)

Se por um lado a Fazenda Pública tentou trazer para o debate a possibilidade de declaração de inconstitucionalidade de uma norma sem efeitos retroativos, por outro a própria Suprema Corte rechaçou essa ideia, tanto em função da ausência de aspectos fáticos como em função da falta de embasamento legal para a concessão desse pleito.

Portanto, após analisar todas essas questões apresentadas no debate, o STF jugou procedente a ação direta de inconstitucionalidade e declarou inconstitucional o artigo 11, parágrafo único, da Lei nº 8.134/1990, sem qualquer ressalva quanto à eventual limitação temporal dessa decisão judicial.

Na Ação Direta de Inconstitucionalidade nº 1.102, julgada em 5.10.1995, a questão foi novamente suscitada. A Confederação Nacional da Indústria, autora da referida ação, pleiteava a declaração de inconstitucionalidade das expressões "empresários" e "autônomos" contidas no artigo 22, inciso I da Lei nº 8.212/1991, que dispunha "sobre a organização da Seguridade Social, (...) Plano de Custeio, e (...) outras providências." Confira-se:

> Art. 22. A contribuição a cargo da empresa, destinada à Seguridade Social, além do disposto no art. 23, é de:

> I – 20% (vinte por cento) sobre o total das remunerações pagas ou creditadas, a qualquer título, no decorrer do mês, aos segurados empregados, empresários, trabalhadores avulsos e autônomos que lhe prestem serviços.

Discutia-se naquela ação se a cobrança da contribuição previdenciária de autônomos e administradores estaria alcançada pelas fontes de custeio previstas no artigo 195, inciso I da Constituição Federal de 1988[26].

Ao analisar a constitucionalidade dessa norma, o Ministro Maurício Corrêa, Relator da referida ação, expôs a seguinte questão:

> Cabe-me, por imperativo, fazer ligeira referência ao alentado e substancioso parecer emitido pelo MPF, por meio de seu ilustre Subprocurador-Geral da República, Carlos Roberto Siqueira Castro, que inobstante propugnar pela procedência desta ação direta de inconstitucionalidade, externa abalizada e profunda análise a propósito dos efeitos que nesta ação deveriam ser adotados, em consonância com a evolução do direito constitucional comparado, a recomendar, sobretudo em matéria de larga repercussão para os cofres da Previdência Social, que os mencionados efeitos devam ser prospectivos, ou seja, que eles alcancem o dies a quo, tendo como termo a concessão liminar operada nesta ação.

Após expor toda essa linha de argumentação trazida no parecer do Ministério Público Federal, o Ministro Relator entendeu, de forma inovadora, que a declaração de inconstitucionalidade deveria ter efeitos prospectivos, nos seguintes termos:

> Contudo, parece-me de inteira procedência, a irresignação ministerial quanto aos efeitos retroativos que a Corte tem emprestado à declaração de inconstitucionalidade, principalmente, como na espécie, os resultados consequenciais da decisão impõem drásticas restrições ao orçamento da seguridade social, abalada por notória insuficiência de caixa.

[26] "Art. 195. A seguridade social será financiada por toda a sociedade, de forma direta e indireta, nos termos da lei, mediante recursos provenientes dos orçamentos da União, dos Estados, do Distrito Federal e dos Municípios, e das seguintes contribuições sociais:
I – do empregador, da empresa e da entidade a ela equiparada na forma da lei, incidentes sobre:"

> Creio não constituir-se afronta ao ordenamento constitucional exercer a Corte política judicial de conveniência, se viesse a adotar a sistemática, caso por caso, para a aplicação de quais os efeitos que deveriam ser impostos, quando, como nesta hipótese, defluísse situação tal a recomendar, na salvaguarda dos superiores interesses do Estado e em razão da calamidade dos cofres da Previdência Social, se buscasse o dies a quo, para a eficácia dos efeitos da declaração de inconstitucionalidade, a data do deferimento cautelar.

O Ministro Sepúlveda Pertence, por sua vez, se posicionou da seguinte forma:

> Sou, em tese, favorável a que, com todos os temperamentos e contrafortes possíveis e para situações absolutamente excepcionais, se permita a ruptura do dogma da nulidade ex radice da lei inconstitucional, facultando-se ao Tribunal protrair o início da eficácia erga omnes da declaração. Mas, como aqui já se advertiu, essa solução, se generalizada, traz também o grande perigo de estimular a inconstitucionalidade.
>
> (...)
>
> Por isso, com as vênias do ilustre Procurador-Geral, independentemente do exame do problema, em outras circunstâncias, mantenho, também, a orientação histórica, na doutrina brasileira, da nulidade da lei inconstitucional. Julgo procedente a ação.

Como os demais Ministros do STF, na data do julgamento, não acompanharam a recomendação do Ministro Maurício Corrêa, prevaleceu o posicionamento exposto pelo Ministro Sepúlveda Pertence, no sentido de que a lei declarada inconstitucional deve resultar em efeitos retroativos, em consonância com a jurisprudência até então pacífica da Suprema Corte sobre o tema. Após os votos de todos os Ministros, foi declarada a inconstitucionalidade das expressões "empresários" e "autônomos", contidas no artigo 22, inciso I da Lei nº 8.212/1991.

Além do posicionamento histórico do STF sobre o tema, surgiu outra questão de significativa relevância: o incentivo à inconstitucionalidade. Como o Ministro Sepúlveda Pertence elucidou em seu voto, uma eventual ruptura na sistemática da declaração de inconstitucionalidade poderia resultar em um estímulo à edição de novas leis inconstitucionais, já que elas não seriam mais declaradas nulas desde a sua entrada em vigor.

O que se percebe, após a análise de ambas as decisões emblemáticas sobre o tema, é que até a jurisprudência clássica do STF, que perdurou até o final da década de noventa, não admitia a modulação dos efeitos de suas decisões, na esfera tributária, independentemente de quem suscitava ou recomendava esse pleito.

Assim, esse cenário jurisprudencial somente se alterou após a edição da Lei nº 9.868/1999, ocasião em que se passou a autorizar que as decisões emanadas pela Suprema Corte pudessem conter o efeito *ex nunc*.

Em função dessa característica, foram analisadas as decisões judiciais proferidas pelo STF após a edição da Lei nº 9.868/1999, haja vista que, antes desse marco legislativo, a modulação não era aceita na seara tributária.

# 2.
# Análise das decisões no Supremo Tribunal Federal

Inicialmente, vale destacar que a pesquisa realizada possui como limite temporal a data de 31.8.2018, de modo que eventual julgamento ocorrido após essa data não será analisado no presente trabalho.

Antes de se descrever as principais decisões do Supremo Tribunal Federal sobre o tema e as suas caraterísticas predominantes, são necessários alguns esclarecimentos sobre os parâmetros empíricos utilizados na pesquisa jurisprudencial que resultou no presente trabalho.

De início, cabe destacar que a pesquisa jurisprudencial foi baseada em todas as decisões do STF em que houve debate sobre a modulação dos efeitos, nos processos de natureza tributária. Esse parâmetro foi utilizado com a finalidade de se obter de forma mais detalhada o efetivo posicionamento do STF quando foi suscitada a modulação, seja pelas partes ou até mesmo de ofício pela Corte Constitucional.

Para fins de confirmação de que todas as decisões em que houve o debate sobre a modulação estão englobadas na presente análise, foi buscada apenas a palavra-chave "modulação" no sítio eletrônico do STF, a contar da entrada em vigor da Lei nº 9.868/1999.

Após a obtenção do resultado dessa pesquisa, que envolvia não apenas os processos de natureza tributária, mas também os de natureza cível, criminal, entre outros, foram mantidos apenas os processos cuja discussão possuía natureza tributária, resultando, assim, nas cento e quarenta e quatro decisões detalhadas no ANEXO 2 ao presente trabalho.

Na oportunidade, cabe esclarecer que, caso uma das partes tenha suscitado a modulação, mas o STF tenha ignorado esse pleito na formalização da decisão judicial, tal precedente não será analisado, haja vista que não houve qualquer debate sobre a modulação. Ou seja, houve a seleção do julgado sempre que o conteúdo da decisão se pronunciou, expressamente, sobre o tema da modulação, tanto para rejeitá-la quanto para deferi-la.

Cabe ainda registrar que, para elaboração do ANEXO 2, foram obtidas as decisões proferidas por ambas as Turmas e pelo plenário do STF, com a finalidade de se observar como as Turmas se posicionavam quando determinado tema havia sido decidido pelo Plenário.

Dessa forma, o que se buscou foi a verificação, com base em todas as discussões envolvendo a modulação nos processos tributários perante o STF e a partir de 11.11.1999[27], em quais processos a modulação foi debatida, independentemente de o resultado ter sido pelo seu acolhimento ou não.

Na busca de todas as decisões do STF envolvendo temas tributários, cujo debate sobre a modulação foi apresentado após 11.11.1999, foram localizadas cento e quarenta e quatro decisões, cujos números e maiores informações estão descritos no ANEXO 1.

No ANEXO 2, por sua vez, estão descritas, além das informações principais de cada processo, tais como a data de julgamento e órgão julgador, alguns comentários adicionais, como quem suscitou a discussão e o posicionamento em destaque de alguns Ministros.

Tendo em vista que alguns processos discutiam o mesmo tema, o presente trabalho trouxe os resultados por meio da apresentação das principais teses tributárias analisadas pelo STF desde a entrada em vigor da Lei nº 9.868/1999. Para fins de verificação das principais teses, foram descritos não apenas os temas em que houve um número reiterado de processos, mas também aqueles processos cujos valores em discussão eram elevados.

Para uma melhor compreensão daquilo que foi decidido pelo STF, foram efetuadas as seguintes quatorze perguntas, a serem respondidas em todos os processos analisados:

1) Houve debate sobre a eventual necessidade de modulação?
2) A modulação foi acolhida?

[27] Data da entrada em vigor da Lei nº 9.868/1999 e consequentemente do seu artigo 27.

3) Houve discussão quanto ao eventual impacto nas contas públicas?

4) A decisão utilizou, direta ou indiretamente, o argumento financeiro para fins de modulação?

5) Houve o pleito de modulação por parte do Fisco?

6) O Fisco apresentou dados/números com eventuais impactos ao Erário Público?

7) Os dados apresentados pelo Fisco possuíam as explicações que resultaram naqueles números?

8) Os dados apresentados pelo Fisco correspondiam aos valores indicados na Lei de Diretrizes Orçamentárias?

9) Os dados apresentados pelo Fisco estavam indicados, ainda que em montante inferior, na Lei de Diretrizes Orçamentárias?

10) O pleito de modulação do Fisco ocorreu antes do julgamento de mérito?

11) O pleito de modulação do Fisco ocorreu somente após o julgamento de mérito?

12) Houve o pleito de modulação por parte dos contribuintes?

13) Outros argumentos foram utilizados em conjunto com o eventual impacto financeiro?

14) O argumento econômico foi utilizado de forma independente/isolada para análise de modulação?

Em seguida, foram apontados três tipos de resposta para cada uma dessas perguntas: "sim", "não" e "não aplicável". Vale destacar que, na prática, a resposta "não aplicável" acabou sendo utilizada para os processos que ainda estão pendentes de julgamento dos embargos de declaração. Para os demais processos analisados, todas as respostas foram afirmativas ou negativas.

No ANEXO 2 ainda constam as respostas cada uma das cento e quarenta e quatro decisões obtidas e posteriormente analisadas com a pesquisa empírica.

Os resultados, que serão trazidos no presente trabalho, contém um ineditismo de estudo, que visa entender o real posicionamento da Suprema Corte, em especial quando o impacto financeiro é apresentado visando a modulação.

Como já foi apontado anteriormente, o efeito prospectivo das decisões pode ocorrer em função de dois fundamentos independentes: "segurança jurídica" ou "excepcional interesse social".

Para melhor compreensão sobre os resultados obtidos, serão analisadas as principais teses tributárias em que houve a discussão sobre a aplicação dos conceitos de "segurança jurídica" ou "excepcional interesse social", a fim de se dar maior nitidez aos requisitos que ensejaram a aplicação de cada um desses conceitos.

Inicialmente, vale apresentar que a discussão envolvendo eventual impacto nas contas públicas foi debatida em 32 processos, o que representa um percentual de 22% das decisões judiciais envolvendo matéria tributária, quando a modulação foi suscitada para o debate.

Confira-se, a esse respeito, a tabela que expõe esses dados:

| **Houve discussão quanto ao eventual impacto nas contas públicas?** | **Resultado da Pesquisa** |
|---|---|
| Sim | 32 (22%) |
| Não | 109 (76%) |
| Não se aplica (Decisões pendentes de análise dos embargos de declaração) | 3 (2%) |

Frise-se que o fato de ter havido debate sobre o tema não significa que o efeito *ex nunc* foi aplicado em todos esses processos, de modo que esses dados apenas mostram um indício sobre o volume das decisões.

Conclui-se, com base nesses dados obtidos após a pesquisa jurisprudencial, que o STF julgou mais processos envolvendo a "segurança jurídica" do que o "excepcional interesse social", visto que na maioria dos processos analisados não houve qualquer debate sobre o argumento financeiro.

Portanto, a fim de se otimizar os resultados obtidos, após a análise das 144 decisões judiciais, serão trazidas abaixo as principais teses tributárias em que Suprema Corte analisou a possibilidade de modulação envolvendo a "segurança jurídica" e o "excepcional interesse social".

## 2.1. Análise da jurisprudência relacionada com a segurança jurídica

A primeira tese tributária envolvendo o conceito de "segurança jurídica" foi levada ao STF por meio do Recurso Extraordinário nº 370.682. O tema em debate envolvia a possibilidade de creditamento do IPI sobre aquisição de matéria-prima não tributada ou alíquota zero. Estava perante a Suprema Corte a necessidade de interpretação dos artigos 150, §6º e 153, §3º, inciso II, ambos da Constituição Federal de 1988:

> Art. 150. Sem prejuízo de outras garantias asseguradas ao contribuinte, é vedado à União, aos Estados, ao Distrito Federal e aos Municípios:
>
> (...)
>
> § 6º Qualquer subsídio ou isenção, redução de base de cálculo, concessão de crédito presumido, anistia ou remissão, relativos a impostos, taxas ou contribuições, só poderá ser concedido mediante lei específica, federal, estadual ou municipal, que regule exclusivamente as matérias acima enumeradas ou o correspondente tributo ou contribuição, sem prejuízo do disposto no art. 155, § 2.º, XII, g.
>
> Art. 153. Compete à União instituir impostos sobre:
>
> (...)
>
> § 3º O imposto previsto no inciso IV:
>
> (...)
>
> II – será não-cumulativo, compensando-se o que for devido em cada operação com o montante cobrado nas anteriores;

Em linhas gerais, discutia-se o direito ao creditamento do IPI caso os insumos adquiridos fossem sujeitos à alíquota zero ou não tributados. No mérito do julgamento, foi adotado o entendimento de que esse creditamento não seria possível, o que resultou na seguinte ementa:

> Recurso extraordinário. Tributário. 2. IPI. Crédito Presumido. Insumos sujeitos à alíquota zero ou não tributados. Inexistência. 3. Os princípios da não-cumulatividade e da seletividade não ensejam direito de crédito presumido de IPI para o contribuinte adquirente de insumos não tributados ou sujeitos à alíquota zero. 4. Recurso extraordinário provido.

Em que pese esse seja o entendimento jurídico firmado pelo Plenário do STF, o Ministro Ricardo Lewandowski realizou o seguinte comentário:

> O Ministro Ilmar Galvão, Relator do feito, submeteu a matéria ao Plenário, votando no sentido do provimento do recurso da União de maneira a alterar o entendimento que a Corte estabeleceu, em 18 de dezembro de 2002, no julgamento do RE 350.446, relatado pelo Ministro Nelson Jobim, contra o qual foram interpostos Embargos de Declaração, os quais estão com vista para Ministro Marco Aurélio.

Percebe-se a preocupação exposta pelo Ministro ao verificar que a Suprema Corte estaria alterando o seu próprio entendimento. Com base nessa premissa, o Ministro Ricardo Lewandowski propôs a modulação dos efeitos da decisão judicial:

> Senhor Presidente, antes de terminar o julgamento, tendo em conta a alteração na jurisprudência até agora assentada por esta Corte – e por uma estreita maioria hoje –, indago a Vossa Excelência se seria oportuno suscitar, desde logo, a eventual concessão de efeitos prospectivos a essa decisão hoje proferida.

Embora isso não seja explicitado em seu voto, percebe-se que o conceito de "segurança jurídica", ou seja, um dos fundamentos previstos no artigo 27 da Lei n º 9.868/1999, estava finalmente diante do STF.

No entender do referido Ministro, a mudança de jurisprudência da própria Corte ensejaria a modulação dos efeitos da decisão. Cabe ressaltar que não estava sendo tratado, nesses autos, eventual divergência entre o entendimento firmado pelo STF e os demais Tribunais do País, mas apenas e tão somente uma divergência entre dois posicionamentos emanados da mesma Corte Constitucional.

Diante dessa proposição, o conceito de "segurança jurídica" passou a ser debatido, ocasião em que o Ministro Marco Aurélio expôs em seu voto a seguinte observação:

> No tocante à alegada segurança jurídica que proporcionou um sem número de pareceres – confesso que nunca presenciei tão grande movimentação, parte-se da premissa que não corresponde à realidade. O tema sobre o creditamento, ao contrário de outros em que, de qualquer forma, houve a reversão do quadro decisório, não chegou a ser pacificado pelo Tribunal. É certo que, em 18 de dezembro de 2002, ao julgar os Recursos Extraordinários nº 350.446-1/PR, 353.668-1/PR, 357.277-6/RS e 358.493-6/SC, o

Plenário proclamou esse direito, vencido, na oportunidade, o Ministro Ilmar Galvão e impedido o Ministro Maurício Corrêa. Não menos correto é que os acórdãos formalizados vieram a ser impugnados mediante declaratórios. Os interpostos nos três primeiros somente foram apreciados em fevereiro passado, quando proferi voto desprovendo-os. O trânsito em julgado não se confirmou em virtude da interposição de novos embargos. O último permanece concluso ao ministro Eros Grau – que sucedeu o ministro Nelson Jobim na relatoria –, para apreciação dos declaratórios. Então, não cabe dizer que o Supremo assentou, mediante acórdão coberto pela coisa julgada, o direito ao creditamento. A matéria ainda estava pendente de decisão final pelo Plenário.

No entender do Ministro Marco Aurélio, apesar de o STF ter decidido o mérito em sentido oposto ao ora decidido, não poderia ser suscitada a mudança de jurisprudência para fins de fundamentação da segurança jurídica necessária para a modulação.

É interessante verificar que em seu voto foi conferida uma conceituação à expressão "segurança jurídica", ainda que indiretamente. No entender do citado Ministro, para que houvesse a aplicação dessa fundamentação, seria imprescindível uma mudança substancial da jurisprudência da Suprema Corte, o que não teria ocorrido no caso concreto.

Assim, para que houvesse essa mudança de jurisprudência, seria necessária uma efetiva mudança de posicionamento, que não viria apenas com o julgamento de mérito em sentido oposto.

Seria necessário, portanto, que além do julgamento de mérito em sentido contrário, que aquela decisão pretérita e ora superada tenha transitado em julgado, formando assim a coisa julgada e pacificando, por sua vez, o entendimento da Suprema Corte. Uma vez não ocorrendo o trânsito em julgado, no entender do referido Ministro não se poderia afirmar que o Tribunal estaria modificando a sua própria jurisprudência.

Trata-se de um entendimento que, de forma inovadora, conferiu maior objetividade à segurança jurídica, que é um dos fundamentos para que as decisões do STF produzissem efeitos prospectivos.

O Ministro Eros Grau, por sua vez, votou no mesmo sentido ao afirmar que:

> O argumento de que existira "jurisprudência pacífica" mesmo quando as decisões não tenham transitado em julgado – e nenhuma delas transitou

> em julgado! – é quase ingênuo. O que detém força de verdade legal é a coisa julgada, cuja autoridade, quando reiterada, faz jurisprudência. Não houve, no caso, mudança de jurisprudência desta Corte, visto que ela – essa jurisprudência – não fora estabelecida.

Se por um lado o julgamento de mérito pôde demonstrar qual foi o posicionamento da Suprema Corte sobre determinado tema, no entender desses Ministros isso não seria suficiente para se configurar uma "jurisprudência pacífica" sobre aquele tema.

Por maioria de votos, o STF rejeitou a possibilidade de modulação dos efeitos da sua decisão, em que pese tenha havido uma mudança de entendimento sobre o mesmo tema.

A segunda tese, de natureza tributária, em que o instituto da modulação tenha sido trazido envolvendo a segurança jurídica decorre de uma isenção concedida para as sociedades civis.

O artigo 6º, inciso II da Lei Complementar nº 70/1991 concedeu isenção da COFINS para as sociedades civis, nos seguintes moldes:

> Art. 6º São isentas da contribuição:
>
> (...)
>
> II – as sociedades civis de que trata o art. 1º do Decreto-Lei nº 2.397, de 21 de dezembro de 1987;

Posteriormente, o artigo 56 da Lei nº 9.430/1996 revogou essa isenção para as sociedades civis prestadoras de serviços:

> Art. 56. As sociedades civis de prestação de serviços de profissão legalmente regulamentada passam a contribuir para a seguridade social com base na receita bruta da prestação de serviços, observadas as normas da Lei Complementar nº 70, de 30 de dezembro de 1991.

A questão posta para análise da Suprema Corte, nos autos do Recurso Extraordinário nº 377.457, envolvia a averiguação se o dispositivo da Lei nº 9.430/1996 poderia revogar aquilo que anteriormente estava disposto em Lei Complementar.

O mérito do julgamento restou decidido no sentido de que poderia haver essa revogação, tendo em vista que a Lei Complementar nº 70/1991, apesar de ser formalmente complementar, seria materialmente ordinária no que se refere aos dispositivos concernentes à contribuição social por ela instituída. A ementa do acórdão, por sua vez, foi assim formalizada:

> Contribuição social sobre o faturamento – COFINS (CF, art. 195, I). 2. Revogação pelo art. 56 da Lei 9.430/96 da isenção concedida às sociedades civis de profissão regulamentada pelo art. 6º, II, da Lei Complementar 70/91. Legitimidade. 3. Inexistência de relação hierárquica entre lei ordinária e lei complementar. Questão exclusivamente constitucional, relacionada à distribuição material entre as espécies legais. Precedentes. 4. A LC 70/91 é apenas formalmente complementar, mas materialmente ordinária, com relação aos dispositivos concernentes à contribuição social por ela instituída. ADC 1, Rel. Moreira Alves, RTJ 156/721. 5. Recurso extraordinário conhecido mas negado provimento.

O Ministro Menezes Direito expôs que a jurisprudência do Superior Tribunal de Justiça estava firmada em sentido contrário ao que fora ora decidido pela Suprema Corte:

> É que eu estou considerando que esta matéria foi posta no plano infraconstitucional, reiteradamente, perante o Superior Tribunal de Justiça. E perante o Superior Tribunal de Justiça a matéria foi assentada em sentido exatamente oposto àquele que nós estamos julgando agora, ou seja, numa palavra, essa diferença de posições entre o que foi assentado no plano infraconstitucional pelo Superior Tribunal de Justiça, e não é de hoje, é de muito tempo, e o que está sendo decidido neste momento, considerando que não houve decisão anterior, pode ter havido uma indicação, um indício, mas não houve, pode gerar, e aí é a sustentação que faço, uma insegurança jurídica e consequências terrificantes, porque as pessoas que vão ser atingidas com essa decisão, é preciso considerar, não são grandes contribuintes; são pequenos contribuintes.

O posicionamento exposto pelo Ministro é interessante, pois no seu entender a segurança jurídica deveria estar relacionada aos precedentes firmados pelos Tribunais Superiores, independentemente se o entendimento viria do STF ou do STJ.

Uma vez que o Superior Tribunal de Justiça, ainda que no plano infraconstitucional, tenha se posicionado sobre determinado tema, caso a Suprema Corte entendesse em sentido contrário, deveria ao menos respeitar a jurisprudência até então emanada, para fins de manutenção da segurança jurídica para aqueles que estavam protegidos pela jurisprudência infraconstitucional. Esse era o raciocínio.

O Ministro Gilmar Mendes, por sua vez, mostrou preocupação com a aceitação dessa tese de que o STF deveria observar a jurisprudência firmada por outros Tribunais:

> É muito delicado esse argumento contra a jurisprudência do STJ, embora se trate do STJ, porque, na verdade, como nós falamos por último, sempre podemos ter este tipo de dissenso; podemos dizer que uma matéria estava pacificada nas demais instâncias e o Supremo reverteu o entendimento. E estaremos, então, condenados, sempre, a fazer a modulação dos efeitos, o que me parece bastante delicado nessa hipótese.

O que se observa é que existe uma resistência em abrir o conceito de "jurisprudência pacífica" para fins de modulação, pois uma vez entendido que as decisões de outros Tribunais seriam suficientes para a modulação do STF, é possível que haja uma submissão da Suprema Corte aos demais Tribunais.

Assim, uma vez decidido determinado tema por outros Tribunais, caso o STF optasse por reformulá-lo sob a ótica constitucional, haveria desde já a modulação dos efeitos, não havendo qualquer espaço para que os Ministros do STF pudessem debater essa questão sob a ótica da jurisprudência anteriormente firmada pela própria Corte.

Poderia ainda se chegar a uma situação peculiar em que o STF tivesse uma jurisprudência pacífica em um sentido e o STJ em sentido oposto, o que resultaria na modulação dos efeitos perante a Suprema Corte, apesar de o STF jamais ter estado em linha com o STJ.

Vale destacar que, sobre o mérito ora analisado pelo STF, o Superior Tribunal de Justiça já havia, inclusive, editado a Súmula STJ nº 276, que assim dispõe:

> "As sociedades civis de prestação de serviços profissionais são isentas de COFINS, irrelevante o regime tributário adotado."

Sobre esse debate, a Ministra Carmen Lúcia ainda afirmou que "o enfoque, aqui, é constitucional e, por isso, é a palavra do Supremo."

Ao final do julgamento, após restarem vencidos os Ministros Menezes Direito, Eros Grau, Celso de Mello, Ricardo Lewandowski e Carlos Britto, a modulação dos efeitos foi rejeitada.

A terceira tese tributária perante a Suprema Corte, em que foi mais uma vez debatido o conceito de segurança jurídica para fins de modulação, resulta da cobrança de uma taxa pelas universidades públicas.

Nos autos do Recurso Extraordinário nº 500.171, discutia-se se as universidades públicas poderiam exigir taxa de matrícula ou se haveria a violação ao artigo 206, inciso IV da Carta Magna:

> Art. 206. O ensino será ministrado com base nos seguintes princípios:
>
> (...)
>
> IV – gratuidade do ensino público em estabelecimentos oficiais;

O Ministro Ricardo Lewandowski, como Relator, votou pela inconstitucionalidade dessa cobrança que estaria criando um óbice ao ingresso dos alunos nas universidades federais, já que todos os alunos precisam cumprir essa formalidade:

> Entendo, por fim, ser desnecessário analisar-se a natureza jurídica da exação cobrada pela recorrente, se configura preço público ou taxa, no sentido de tributo, pois, seja qual for o seu caráter, ela cria óbice indevido ao princípio constitucional do ensino público gratuito nos estabelecimentos oficiais, sobretudo porque a matrícula, embora constitua ato meramente burocrático, consubstancia uma formalidade essencial para o ingresso dos estudantes na Universidade.

Por maioria de votos, o STF entendeu pela inconstitucionalidade dessa cobrança:

> ADMINISTRATIVO. ENSINO SUPERIOR. ESTABELECIMENTO OFICIAL. COBRANÇA DE TAXA DE MATRÍCULA. INADMISSIBILIDADE. EXAÇÃO JULGADA INCONSTITUCIONAL. I – A cobrança de matrícula como requisito para que o estudante possa cursar universidade federal viola o art. 206, IV, da Constituição. II – Embora configure ato burocrático, a matrícula constitui formalidade essencial para que o aluno tenha acesso à educação superior. III – As disposições normativas que integram a Seção I, do Capítulo III, do Título VIII, da Carta Magna devem ser inter-

pretadas à dos princípios explicitados no art. 205, que configuram o núcleo axiológico que norteia o sistema de ensino brasileiro.

Em julgamento posterior, quando se analisaram os embargos de declaração, foi analisada a possibilidade de aplicação do efeito prospectivo. Inicialmente, houve um debate se a modulação poderia ser analisada em sede de embargos de declaração, já que o mérito havia sido decidido em julgamento pretérito.

Após um debate entre os Ministros sobre a existência de quaisquer dos vícios que ensejariam o cabimento dos embargos de declaração, verificou-se, independentemente disso, que a Corte poderia conhecer e apreciar a modulação de ofício. No entender da Ministra Carmen Lúcia, "até fortalece o Tribunal poder reconhecer de ofício."

Sem entrar na verificação de quaisquer dos vícios que possibilitariam a oposição dos embargos de declaração, o referido recurso foi excepcionalmente conhecido em função de não existir outro meio processual para suscitar a modulação. Confira-se:

> I – Conhecimento excepcional dos embargos de declaração em razão da ausência de outro instrumento processual para suscitar a modulação dos efeitos da decisão após o julgamento pelo Plenário.

Quando foi iniciado o debate sobre a modulação, foi constatado que havia, sobre essa matéria, a existência da Súmula Vinculante nº 12[28], publicada na Imprensa Oficial desde 22.8.2008.

O Ministro Celso de Mello ainda apontou que a edição de súmula vinculante somente gera efeitos prospectivos:

> "(...) a súmula vinculante tem eficácia a partir da data de sua publicação no órgão oficial, vale dizer, possui eficácia "ex nunc", projetando-se para o futuro, não apanhanado situações pretéritas.

Percebe-se então que havia uma jurisprudência pacífica sobre o tema, a ponto de existir uma súmula vinculante. Ainda que essa justificativa não tenha constado no voto dos Ministros de forma expressa, visualiza-

[28] A cobrança de taxa de matrícula nas universidades públicas viola o disposto no art. 206, IV, da Constituição Federal.

-se a análise, ainda que de forma indireta, quanto ao requisito da "segurança jurídica".

Em adicional, o impacto no orçamento das universidades, que são públicas e federais, também foi trazido ao debate para análise da modulação. O Ministro Ricardo Lewandowski reconheceu a situação orçamentária das universidades públicas:

> "(...) também sou professor de uma universidade pública e reconheço que há dificuldades orçamentárias seríssimas, então nós podemos modular."

Tem-se então um processo em que tanto a "segurança jurídica" quanto o "interesse social" foram trazidos como possíveis fundamentos para a modulação. Todavia, em que pese a análise do argumento financeiro, o que prevaleceu para a concessão do efeito prospectivo da decisão foi a existência de uma súmula vinculante pretérita:

> II – Modulação dos efeitos da decisão que declarou a inconstitucionalidade da cobrança da taxa de matrícula nas universidades públicas a partir da edição da Súmula Vinculante 12, ressalvado o direito daqueles que já haviam ajuizado ações com o mesmo objeto jurídico. III – Embargos de declaração acolhidos.

Como resultado do julgamento, a modulação foi concedida pela Suprema Corte em função da existência da Súmula Vinculante nº 12.

A quarta tese em que foi debatida a possibilidade de modulação envolvendo a segurança jurídica decorre de uma análise constitucional do ISS. Discutiu-se nos autos da Arguição de Descumprimento de Preceito Fundamental ("ADPF") nº 190 os limites constitucionais para a redução do ISS.

O município de Poá editou a Lei Municipal nº 2.614/1997, que posteriormente foi alterada pelas Leis Municipais nºs 3.269/2007 e 3.276/2007. Em sua redação final, foram excluídos da base de cálculo do ISS os tributos federais, nos seguintes termos:

> Art. 190 A base de cálculo do imposto é o preço do serviço, assim considerada a receita bruta.
>
> (...)
>
> § 2º Não serão incluídos no preço do serviço:
>
> (...)

> II – os seguintes tributos federais, relativos à prestação de serviços tributáveis, ocorridos no mesmo mês de competência: a) Imposto de Renda de Pessoa Jurídica; b) Contribuição Social Sobre o Lucro Líquido; c) PIS/PASEP; d) COFINS.
>
> Art. 191 A base de cálculo do Imposto Sobre Serviços é o preço do serviço, assim considerada a receita bruta, a qual se aplica mensalmente a alíquota constante na Tabela XVI do artigo 184.
>
> (...)
>
> § 6º Não serão incluídos no preço do serviço:
>
> (...)
>
> II – os seguintes tributos federais, relativos à prestação de serviços tributáveis, ocorridos no mesmo mês de competência: a) Imposto de Renda Pessoa Jurídica; b) Contribuição Social Sobre o Lucro Líquido; c) PIS/PASEP; d) COFINS.

Embora nominalmente a alíquota do ISS ainda estivesse dentro do parâmetro constitucional determinado pelo artigo 88, incisos I e II do Ato das Disposições Constitucionais Transitórias[29], a Suprema Corte teve que analisar se, com aquelas exclusões, estaria havendo uma violação ao texto constitucional.

Ao final do julgamento de mérito, foi decidido pelo STF que aquelas deduções do ISS, na prática, acabavam por reduzir o imposto para um patamar menor do que aquele previsto no limite constitucional, ocasião em que foi fixada a seguinte tese:

> É inconstitucional lei municipal que veicule exclusão de valores da base de cálculo do ISSQN fora das hipóteses previstas em lei complementar nacional. Também é incompatível com o Texto Constitucional medida fiscal

[29] Art. 88. Enquanto lei complementar não disciplinar o disposto nos incisos I e III do § 3º do art. 156 da Constituição Federal, o imposto a que se refere o inciso III do caput do mesmo artigo: (Incluído pela Emenda Constitucional nº 37, de 2002)
I – terá alíquota mínima de dois por cento, exceto para os serviços a que se referem os itens 32, 33 e 34 da Lista de Serviços anexa ao Decreto-Lei nº 406, de 31 de dezembro de 1968; (Incluído pela Emenda Constitucional nº 37, de 2002)
II – não será objeto de concessão de isenções, incentivos e benefícios fiscais, que resulte, direta ou indiretamente, na redução da alíquota mínima estabelecida no inciso I. (Incluído pela Emenda Constitucional nº 37, de 2002)

> que resulte indiretamente na redução da alíquota mínima estabelecida pelo art. 88 do ADCT, a partir da redução da carga tributária incidente sobre a prestação de serviço na territorialidade do ente tributante.

Após a fixação dessa tese, o Ministro Edson Facchin propôs a modulação dos efeitos da decisão, em função de já ter sido deferida uma cautelar que suspendeu os efeitos da lei ora declarada inconstitucional.

Por maioria de votos, a modulação dos efeitos da decisão foi acolhida, restando vencido o Ministro Marco Aurélio. Apesar de a modulação, neste caso, ter ocorrido em função da segurança jurídica e da manutenção de um *status quo* desde a suspensão da referida lei em 15.12.2015, percebe-se a preocupação dos Ministros em efetuar a modulação na esfera tributária. Confira-se, a esse respeito, o voto do Ministro Dias Toffoli:

> Mas penso que temos sempre de refletir sobre isto: em matéria de intervenção na validade de normas tributárias, o impacto que isso tem em relação à contabilidade de empresas e do próprio município, nós temos que refletir sobre esses efeitos, de uma maneira que ela não fique quebrada, seja no ano fiscal, seja no mês. Fica aqui como uma reflexão, mas acompanho o Relator.

Dessa forma, mesmo naqueles casos em que o impacto financeiro não é tratado como um argumento crucial para fins de modulação, percebe-se a preocupação da Suprema Corte com esse tema.

A quinta tese tributária debatida pela Suprema Corte, em que foi suscitada a modulação envolvendo a segurança jurídica, decorre da análise constitucional do ICMS-Substituição Tributária para operações futuras.

Entre outras questões, o STF analisou, nos autos do Recurso Extraordinário nº 593.849, qual seria o alcance do artigo 150, §7º da Carta Magna, que assim dispõe:

> Art. 150. Sem prejuízo de outras garantias asseguradas ao contribuinte, é vedado à União, aos Estados, ao Distrito Federal e aos Municípios:
>
> (...)
>
> § 7º A lei poderá atribuir a sujeito passivo de obrigação tributária a condição de responsável pelo pagamento de imposto ou contribuição, cujo fato gerador deva ocorrer posteriormente, assegurada a imediata e preferencial restituição da quantia paga, caso não se realize o fato gerador presumido.

A questão central debatida envolvia a análise da seguinte questão: poderia, aquele sujeito passivo que tenha pago um valor a maior de ICMS-ST, pleitear a restituição se a operação efetiva ocorreu em valor menor daquele que foi previamente pago?

Após diversos debates entre os Ministros sobre essa questão, restou decidido pela Suprema Corte que "a cláusula de restituição do excesso e respectivo direito à restituição se aplicam a todos os casos em que o fato gerador presumido não se concretize empiricamente da forma como antecipadamente tributado." Na ocasião, ainda restou fixada a seguinte tese sobre o tema:

> É devida a restituição da diferença do Imposto sobre Circulação de Mercadorias e Serviços – ICMS pago a mais no regime de substituição tributária para a frente se a base de cálculo efetiva da operação for inferior à presumida.

Ocorre que, tendo em vista que o próprio STF estava, neste julgamento ocorrido em 19.10.2016, alterando um entendimento pretérito, firmado nos autos da Ação Direta de Inconstitucionalidade nº 1.851, o Ministro Roberto Barroso propôs a modulação dos efeitos da decisão:

> De modo que mudar uma interpretação consolidada, em matéria tributária, que vigore há mais de dez anos, como é o caso aqui, eu entendo que corresponda a uma mudança da norma tributária. E consequentemente, como regra geral, se impõe a modulação.

No entender do referido Ministro, a mudança jurisprudencial da própria Suprema Corte equivaleria a uma mudança da própria norma tributária, ocasião em que seria necessária a modulação dos efeitos da decisão, a fim de se resguardar a segurança jurídica.

O Ministro Edson Facchin, por sua vez, também entendeu que os efeitos prospectivos da decisão judicial seriam necessários para se resguardar a segurança jurídica. Confira-se:

> E eu vi que o Ministro Barroso também se manifestou sobre isso no voto, julgando, reputando adequada a modulação. E creio que esse é um dos casos em que a modulação é relevante para dar segurança jurídica prospectiva à eficácia, portanto, da decisão que aqui se toma, alcançando os feitos

que estão em repercussão geral, e o Ministro Barroso chega a mencionar os feitos que se encontram judicializados.

Por maioria de votos, a modulação foi acolhida pelo STF, vencido o Ministro Marco Aurélio. Como marco temporal para a modulação, foram encobertas todas aquelas ações ajuizadas antes do julgamento do STF sobre o tema, a fim de que o novo entendimento firmado só gerasse efeitos para ações futuras, nos seguintes termos:

> Em seguida, o Tribunal modulou os efeitos do julgamento a fim de que o precedente que aqui se elabora deve orientar todos os litígios judiciais pendentes submetidos à sistemática da repercussão geral e os casos futuros oriundos de antecipação do pagamento de fato gerador presumido realizada após a fixação do presente entendimento, tendo em conta o necessário realinhamento das administrações fazendárias dos Estados-membros e do sistema judicial como um todo decidido por essa Corte.

Apesar de ser uma decisão baseada na segurança jurídica e não no impacto financeiro, verifica-se que o tema suscitou um intenso debate em função dos efeitos da decisão judicial.

Analisadas todas as principais teses tributárias em que a modulação foi suscitada com fundamento na segurança jurídica, pode-se delinear alguns critérios objetivos para que a segurança jurídica esteja configurada e seja concedido o efeito *ex nunc*.

O primeiro requisito envolve a competência para elaboração da decisão judicial que será utilizada como jurisprudência modificada para fins de modulação. Nas decisões expostas acima, percebe-se que, para fins de configuração do conceito de segurança jurídica, somente são levadas em consideração as decisões emanadas pelo próprio STF.

Mesmo que determinado tema tenha sido julgado e pacificado por outros Tribunais, até mesmo com a edição de súmulas, para a Suprema Corte tais decisões não são suficientes para ensejar o efeito prospectivo, pois a ótica é constitucional e consequentemente distinta.

Ademais, não se permitiu que a Suprema Corte ficasse sujeita ao que já foi decidido por outro Tribunal, razão pela qual apenas as decisões conferidas pela Corte Constitucional são consideradas para análise da modulação pela segurança jurídica.

Uma vez compreendido a quem compete proferir as decisões que serão verificas antes de uma possível modulação, resta saber qual seria esse tipo de decisão, o que configura o segundo requisito para que haja o efeito prospectivo.

Sobre o tema, o STF entende que apenas as suas decisões proferidas em sede de Plenário são suficientes para fins de configuração da jurisprudência pacífica. Portanto, caso o Plenário entenda de forma distinta de um eventual julgamento pretérito da Turma, a modulação pela segurança jurídica tende a não ser acolhida.

O terceiro requisito envolve o status processual dessa decisão conferida pelo Plenário do STF. Para que a segurança jurídica possa ser aplicada, é indispensável que essa decisão pretérita, proferida em sentido contrário, tenha transitado em julgado.

Trata-se de um requisito peculiar e que parece não ser muito observado pelas partes processuais ao suscitarem a modulação, pois uma vez que o acórdão não tenha transitado em julgado, a Suprema Corte não considerará tal posicionamento como definitivo para fins de configuração de uma jurisprudência pacífica.

Portanto, não basta ter um acórdão que esteja sendo modificado pelo próprio STF, sendo necessário que a decisão pretérita tenha transitado em julgado. Tal requisito, na prática, acaba por travar a modulação em muitos temas tributários, pois é comum que, após o julgamento de mérito, sejam opostos sucessivos embargos de declaração, que permanecem pendentes de julgamento durante anos.

De todo modo, esse requisito apenas reforça a importância que o STF dá para o conceito de jurisprudência dominante apta a ensejar a aplicação do efeito *ex nunc*.

Como um requisito independente, que não necessariamente estará vinculado aos três requisitos pretéritos, está o status processual daquele processo em que a Suprema Corte estará firmando o seu novo posicionamento. Isso porque, caso tenha sido deferida uma cautelar com a finalidade de suspender os efeitos da lei impugnada, a modulação provavelmente será aplicada a partir da concessão dessa liminar.

Além disso, a edição de uma súmula vinculante sobre a matéria também pode fazer com que a modulação seja acolhida desde aquele marco temporal, haja vista que os seus efeitos são prospectivos.

Pretende-se, com esse requisito autônomo, a manutenção do *status quo* de uma lei que não estava mais produzindo os seus regulares efeitos, razão pela qual eventual julgamento que mantenha a cautelar concedida pode ser modulado a contar dessa decisão suspensiva.

Portanto, no entender do presente trabalho, para que o conceito de segurança jurídica esteja configurado para fins de modulação dos efeitos das decisões, devem estar preenchidos os seguintes requisitos cumulativos:

| Requisitos cumulativos para a configuração da segurança jurídica |
|---|
| 1. Acórdão ser proferido pelo Supremo Tribunal Federal; |
| 2. Acórdão ser proferido pelo Plenário; e |
| 3. Acórdão deve ter transitado em julgado. |

De forma autônoma e em função de um aspecto processual, o requisito apontado abaixo também pode ser entendido como suficiente para fins de configuração do conceito de segurança jurídica:

| Requisito autônomo para a configuração da segurança jurídica |
|---|
| 1. A concessão de medida cautelar ou a edição de súmula vinculante sobre o tema. |

Com a delimitação desses requisitos objetivos, constata-se que a Suprema Corte já avançou substancialmente na delimitação conceitual da segurança jurídica para fins de modulação nos processos tributários.

Por outro lado, ainda se mostra indispensável a verificação do posicionamento do STF quando o "excepcional interesse social" é trazido pela Fazenda Pública para fins de modulação dos efeitos das decisões.

## 2.2. Análise da jurisprudência relacionada com o excepcional interesse social

Assim como quando a segurança jurídica foi analisada no presente trabalho, serão trazidas aqui as principais teses em que o excepcional interesse social foi suscitado como argumento visando o efeito prospectivo de uma decisão da Suprema Corte.

Essa sistemática se justifica em função de uma mesma tese tributária ter sido julgada em mais de um processo no STF e não terem sido identificadas incompatibilidades de decisões dentro de uma mesma tese, quando a modulação foi suscitada para o debate.

Para fins de compreensão do tema de forma mais objetiva, serão destacadas abaixo as principais teses tributárias em que o impacto financeiro foi trazido visando a declaração de efeito *ex nunc*.

A primeira tese tributária debatida no STF, envolvendo o excepcional interesse social, envolve a constitucionalidade da progressividade do IPTU.

Nos autos do Recurso Extraordinário nº 153.771, o plenário do STF declarou a inconstitucionalidade da progressividade do IPTU disposta na legislação município de Belo Horizonte, nos seguintes termos:

> Sob o império da atual Constituição, não é admitida a progressividade fiscal do IPTU, quer com base exclusivamente no seu artigo 145, § 1º, porque esse imposto tem caráter real que é incompatível com a progressividade decorrente da capacidade econômica do contribuinte, quer com arrimo na conjugação desse dispositivo constitucional (genérico) com o artigo 156, § 1º (específico).
>
> (...)
>
> Portanto, é inconstitucional qualquer progressividade, em se tratando de IPTU, que não atenda exclusivamente ao disposto no artigo 156, § 1º, aplicado com as limitações expressamente constantes dos §§ 2º e 4º do artigo 182, ambos da Constituição Federal.

No referido julgamento, a Suprema Corte entendeu que o IPTU não teria autorização constitucional para ser progressivo, devendo ser declarada a inconstitucionalidade da legislação que dispusesse em sentido contrário.

Como esse julgamento ocorreu em 20.11.1996, ou seja, antes da entrada em vigor do artigo 27 da Lei nº 9.868/1999, não foi debatida qualquer possibilidade de modulação da decisão naquele julgamento, mantendo-se assim a declaração de inconstitucionalidade retroativa e até então predominante na Suprema Corte.

O município do Rio de Janeiro, por sua vez, também possuía em sua legislação[30] a mesma autorização para que o IPTU fosse progressivo. Ao verificar essa possibilidade de modulação, trazida de forma inovadora pela Lei nº 9.868/1999, a Fazenda Pública passou a pleitear a modulação nos processos em que se discutia essa mesma tese.

De todas as cento e quarenta e quatro decisões analisadas para o presente trabalho, em quarenta e oito processos essa tese foi debatida por ambas as Turmas e pelo Plenário do STF. O posicionamento da Suprema Corte, por sua vez, nem sempre utilizou os mesmos fundamentos.

Um dos primeiros processos de natureza tributária em que o STF dispôs sobre o tema foi o Agravo Regimental em Agravo de Instrumento nº 440.881, cujo julgamento de mérito ocorreu em 14.6.2005.

O Ministro Eros Grau, relator do processo em referência, adotou um posicionamento que foi acolhido pelos demais Ministros da Primeira Turma do STF e resultou no seguinte acórdão:

> AGRAVO REGIMENTAL EM AGRAVO DE INSTRUMENTO. IPTU. PROGRESSIVIDADE. COBRANÇA. IMPOSSIBILIDADE. EFEITOS DA DECLARAÇÃO DE INCONSTITUCIONALIDADE. CONTROLE DIFUSO. 1. O artigo 67 da Lei n. 691/84, do Município do Rio de Janeiro, não foi recepcionado pela Constituição do Brasil, eis que estabeleceu a progressividade do IPTU em função da área e da localização dos imóveis, circunstâncias ligadas à capacidade contributiva. Precedentes. 2. Efeitos da Declaração de Inconstitucionalidade no controle difuso. A aplicação do artigo 27 da Lei n. 9.868/99 apenas se impõe no controle concentrado de constitucionalidade. Agravo regimental a que se nega provimento.

No entender da Primeira Turma do STF, não poderia haver a modulação dos efeitos da decisão, principalmente, pela norma ora em análise, decorrente da Lei Municipal nº 691/1984, não ter sido recepcionada pela Constituição Federal de 1988. Assim, no entender do posicionamento inicial do STF sobre o instituto da modulação, seria necessário um juízo de inconstitucionalidade "em sede de Ação Direta de Inconstitucionalidade e de Ação Declaratória de Constitucionalidade".

[30] Artigo 67 da Lei Municipal nº 691/1984 (Código Tributário Municipal).

A Segunda Turma do STF, entretanto, adotou outro fundamento para rejeitar a possibilidade de modulação dos efeitos da decisão. No Agravo Regimental em Agravo de Instrumento nº 490.875, o Ministro Celso de Mello, relator do referido processo, votou no sentido de que a projeção de efeitos prospectivos de uma decisão judicial era matéria reservada ao Plenário da Corte. Confira-se:

> EMBARGOS DE DECLARAÇÃO - CUMULATIVA INTERPOSIÇÃO DE DOIS (2) RECURSOS CONTRA A MESMA DECISÃO, FORA DAS HIPÓTESES LEGAIS - INADMISSIBILIDADE - OFENSA AO POSTULADO DA SINGULARIDADE DOS RECURSOS - NÃO-CONHECIMENTO DO SEGUNDO RECURSO - EXAME DO PRIMEIRO RECURSO - IPTU - PROGRESSIVIDADE - TAXAS - PRETENDIDA MODULAÇÃO, NO TEMPO, DOS EFEITOS DA DECLARAÇÃO DE INCONSTITUCIONALIDADE - NÃO-INCIDÊNCIA, NO CASO EM EXAME - UTILIZAÇÃO DESSA TÉCNICA NO PLANO DA FISCALIZAÇÃO INCIDENTAL - POSSIBILIDADE - MAGISTÉRIO DA DOUTRINA - NECESSÁRIA OBSERVÂNCIA DO POSTULADO DA RESERVA DE PLENÁRIO - CONSEQÜENTE INCOMPETÊNCIA DOS ÓRGÃOS FRACIONÁRIOS DO TRIBUNAL (TURMAS) - EMBARGOS DE DECLARAÇÃO REJEITADOS.

Portanto, no entender da Segunda Turma do STF, apenas o Plenário possuía competência para declarar o efeito *ex nunc*, não podendo os órgãos fracionados agirem no mesmo sentido.

Em outra oportunidade, nos autos do Agravo Regimental em Agravo de Instrumento nº 591.311, a Segunda Turma do STF mais uma vez se deparou com essa questão. Apesar de, nessa oportunidade, a referida Turma ter se manifestado pela impossibilidade de aplicação da modulação quando a norma não tivesse sido recepcionada pela Constituição, dois votos merecem um especial destaque.

O primeiro deles foi o proferido pelo Ministro Gilmar Mendes, ao defender que "razões de segurança jurídica podem revelar-se, igualmente, aptas a justificar a adoção da modulação de efeitos também em sede de declaração de não-recepção da lei pré-constitucional pela norma constitucional superveniente." Embora a modulação tenha sido rejeitada no caso concreto, esse posicionamento já demonstra, desde

21.11.2006, quando o mérito do processo foi julgado, que o STF estava iniciando a evolução da sua interpretação sobre o artigo 27 da Lei nº 9.868/1999, permitindo assim a sua aplicação para hipóteses além daquelas inicialmente previstas na norma.

O segundo voto que merece um destaque especial foi o do Ministro Joaquim Barbosa. Ao perceber que o pleito de modulação estava sendo feito em um processo de natureza tributária, foram tecidas algumas observações importantes sobre o tema:

> Pondero que, em matéria tributária, a aplicação de efeitos prospectivos à declaração incidental de inconstitucionalidade demanda um grau ainda mais elevado de parcimônia, porquanto é um truísmo afirmar que os valores arrecadados com a tributação se destinam ao emprego em finalidades públicas. Portanto, não basta ao sujeito ativo apontar a destinação de índole pública do produto arrecadado para justificar a modulação temporal dos efeitos de declaração de inconstitucionalidade, sob o risco de se inviabilizar qualquer pretensão de restituição de indébito tributário, em evidente prejuízo da guarda da constitucionalidade e da legalidade das normas que instituem as exações.
>
> Evidentemente, a possibilidade que o sistema jurídico confere ao Supremo Tribunal Federal para modular no tempo os efeitos da declaração de inconstitucionalidade e a destinação do produto da arrecadação ao exercício de atividades estatais não podem redundar na imunização do Estado ao dever de zelar pela validade das normas jurídicas que cria, favorecendo assim a especulação legal.

Embora o Ministro Joaquim Barbosa também tenha se manifestado em sentido contrário à modulação, alguns aspectos do seu voto merecem destaque.

O primeiro deles está relacionado à preocupação que o STF deve ter ao modular os processos de natureza tributária. Se a aplicação de efeitos prospectivos, por si só, já demanda um caráter excepcional, no entender do Ministro Joaquim Barbosa para os processos tributários essa excepcionalidade deveria ser ainda maior, não cabendo à Fazenda Pública simplesmente alegar que determinados valores deixarão de ingressar aos cofres públicos.

O segundo aspecto é a preocupação com o risco de se inviabilizar a repetição do indébito tributário se a modulação for aplicada de forma indiscriminada, já que aqueles que sofreram com a norma inconstitucional não poderão pleitear eventuais valores pagos a maior.

Esses aspectos do voto do Ministro Joaquim Barbosa, que foram reproduzidos em diversos dos seus votos em julgamentos posteriores, foram de significativa importância para que a Suprema Corte pudesse enriquecer o instituto da modulação envolvendo o "excepcional interesse social".

Posteriormente, o tema voltou à pauta do STF. Desta vez foi o Agravo Regimental em Recurso Extraordinário nº 368.118. Além dos argumentos expostos nos precedentes acima, no julgamento realizado em 18.12.2006, o Ministro Celso de Mello teceu o seguinte comentário:

> De qualquer maneira, no entanto, e mesmo que tal obstáculo pudesse ser afastado (o que se alega *"ad argumentandum"*), ainda assim não se revelaria possível a pretendida modulação, pelo fato de a prospectividade buscada pelo Município do Rio de Janeiro/RJ depender, para viabilizar-se, da efetiva demonstração - inocorrente na espécie - de "razões de segurança jurídica ou de excepcional interesse social." (Lei nº 9.868/99, art. 27).

O que se percebe com esse voto é que, em que pese a modulação tenha sido afastada por outros motivos, foi entendido que não estaria configurado, no presente caso, qualquer um dos requisitos exigidos pelo artigo 27 da Lei nº 9.868/1999 para que houvesse a declaração de efeito prospectivo.

No julgamento do Agravo Regimental em Agravo de Instrumento nº 613.379, realizado em 27.2.2007, o Ministro Gilmar Mendes, ao apreciar o pleito de modulação do município do Rio de Janeiro, se posicionou da seguinte forma:

> Ao contrário do que alega o agravante, não há no presente caderno processual comprovação de que o Município do Rio de Janeiro teria demonstrado com números e quadros comparativos a significativa repercussão econômica dos fatos aqui discutidos, bem como a alegada lesão à ordem pública que a declaração de inconstitucionalidade com efeitos ex tunc traria ao ente público tendo em vista que o montante econômico das ações seria extremamente elevado, a ponte de comprometer a capacidade do Município em prestar os seus serviços públicos básicos.

Segundo o Ministro Gilmar Mendes, não caberia à Fazenda Pública simplesmente alegar que uma "significativa repercussão econômica", devendo apresentar números e quadros comparativos que comprovassem o impacto financeiro.

Cabe ressaltar que mesmo com a apresentação desses dados, o Ministro Gilmar Mendes afirmou que não aplicaria a modulação no caso concreto. O que foi defendido, frise-se, é que a não apresentação de quaisquer dados inviabilizava a evolução da discussão sobre a possibilidade de modulação dos efeitos da decisão.

Até o último precedente envolvendo essa tese, nos Embargos de Declaração no Recurso Extraordinário nº 704.846, cujo julgamento de mérito ocorreu em 28.5.2013, foi mantido o entendimento de que a modulação dos efeitos não poderia ser aplicada no caso concreto.

A segunda tese tributária que foi levada à Suprema Corte envolve a repartição de receitas aos municípios, decorrente da arrecadação do ICMS. Discutia-se nos autos do Recurso Extraordinário nº 401.953 a constitucionalidade da Lei Estadual nº 2.664/1996, que excluía o município do Rio de Janeiro da distribuição da parcela de vinte e cinco por centro do ICMS, pertencentes aos municípios, nos seguintes termos:

> Art. 1 – A parcela de 25% (vinte e cinco por cento) da receita do Imposto sobre Operações relativas à Circulação de Mercadorias e sobre Prestações de Serviços de Transporte Interestadual e Intermunicipal e de Comunicação – ICMS – pertencentes aos Municípios e mencionada no inciso IV do art. 158 da Constituição Federal, de 05 de outubro de 1988, e inciso IV do art. 202 da Constituição do Estado do Rio de Janeiro, de 05 de outubro de 1989, será creditada a partir do exercício de 1997, e distribuída por região nos percentuais indicados no Anexo 1, conforme seguintes critérios:
>
> I – População: relação percentual entre a população residente no Município e a população total da respectiva Região, medida segundo dados fornecidos pela Fundação Instituto Brasileiro de Geografia e Estatística – IBGE, conforme Anexo 1;
>
> II – Área Geográfica: relação percentual entre a área geográfica do Município e a área total da respectiva Região, informada pela Fundação Centro de informações e Dados do Rio de Janeiro – CIDE, conforme Anexo 1;
>
> III – Receita Própria: relação percentual entre a receita própria do Município oriunda de tributos de sua competência e a arrecadação do ICMS

no Município, baseada em dados relativos ao ano civil imediatamente anterior, fornecidos pelo Tribunal de Contas do Estado, conforme Anexo I;

IV – Cota Mínima: parcela a ser distribuída em igual valor para todos os Municípios de uma mesma Região, conforme Anexo 1;

V – Ajuste Econômico: percentual a ser distribuído entre os Municípios de uma mesma Região, proporcionalmente à soma inversa dos índices de População, Área e Valor Adicionado de cada Município em relação ao total da Região, conforme Anexo 1;

ANEXO 1

| REGIÃO | POPULAÇÃO | ÁREA | RECEITA PRÓPRIA | COTA MÍNIMA | AJUSTE ECONÔMICO |
|---|---|---|---|---|---|
| CAPITAL | - | - | - | - | - |
| METROPOLITANA | 4.4090 | 0,9845 | 0,0850 | 1,1000 | 0,3000 |
| NOROESTE | 0,4766 | 0,9000 | 0,0850 | 1,2310 | 0,2500 |
| NORTE | 0,4025 | 1,5553 | 0,0450 | 0,9828 | 0,1600 |
| SERRANA | 0,4000 | 1,5000 | 0,0700 | 1,8000 | 0,1000 |
| BAIXADAS LITORÂNEAS | 0,5500 | 0,9000 | 0,0800 | 0,9600 | 0,2200 |
| MÉDIO PARAÍBA | 0,3500 | 1,0549 | 0,0600 | 1,0500 | 0,2000 |
| CENTRO-SUL | 0,3000 | 0,5000 | 0,0500 | 0,9800 | 0,3000 |
| LITORAL SUL FLUMINENSE | 0,0500 | 0,3100 | 0,0150 | 0,1300 | 0,2000 |
| TOTAIS | 6,9381 | 7,7047 | 0,4500 | 8,1772 | 1,7300 |

A Suprema Corte, ao analisar a referida lei, entendeu que apesar de ser possível haver uma distribuição dos valores arrecadados levando-se em consideração a situação social e econômica de cada região, não poderia existir a exclusão completa do município do Rio de Janeiro da distribuição do ICMS. Confira-se:

> 1. Com base no disposto no art. 3º, III, da Constituição, lei estadual disciplinadora do plano de alocação do produto gerado com a arrecadação do ICMS, nos termos do art. 157, IV, par. ún., II, da Constituição, pode tomar dados pertinentes à situação social e econômica regional como critério de cálculo.

> 2. Contudo, não pode a legislação estadual, sob o pretexto de resolver as desigualdades sociais e regionais, alijar por completo um Município da participação em tais recursos. Não obstante a existência, no próprio texto legal, de critérios objetivos para o cálculo da cota para repasse do produto arrecadado com a cobrança do imposto, a Lei 2.664/1996 atribui ao Município do Rio de Janeiro valores nulos.
>
> 3. São inconstitucionais as disposições que excluem por completo e abruptamente o Município do Rio de Janeiro da partilha do produto arrecadado com o ICMS, constantes nos Anexos I e III da Lei do Estado do Rio de Janeiro 2.664/1996, por violação do art. 158, IV, par. ún., I e II, ponderados em relação ao art. 3º, todos da Constituição.

Todavia, ao verificar que a imediata declaração de inconstitucionalidade do Anexo 1 da Lei Estadual nº 2.664/1996 resultaria na necessidade de edição de uma nova lei, com novos critérios que englobassem o município do Rio de Janeiro, o Ministro Cezar Peluso observou que "à medida em que, pela inconstitucionalidade, deva ser atribuído um percentual ao município do Rio de Janeiro, todos os demais índices têm que ser alterados."

Como a lei declarada inconstitucional permaneceu em vigor durante dez anos, ou seja, até que o STF se pronunciasse pela sua inconstitucionalidade em 16.5.2007, o Ministro Joaquim Barbosa trouxe, de forma inovadora, a possibilidade de aplicação do artigo 27 da Lei nº 9.868/1999:

> Por essa razão, após a conclusão da votação, eu iria propor a aplicação do artigo 27, porque a consequência dessa decisão, na prática, é o recálculo de todos os Municípios, nos últimos dez anos.

Em resposta, o Ministro Marco Aurélio pontuou que "o que preocupa é o estímulo ao descumprimento da Constituição, ao descumprimento da lei. Isso me preocupa muito". No entender do Ministro Marco Aurélio, modular os efeitos da decisão poderia estimular que houvesse a edição de novas leis inconstitucionais no futuro, que teriam seus efeitos validados até a sua declaração de inconstitucionalidade.

O ponto de debate entre os Ministros da Suprema Corte foi que, ao simplesmente determinar que o estado do Rio de Janeiro efetuasse o recálculo e a compensação dos valores distribuídos nos últimos dez anos, haveria um desfalque nos serviços públicos para vários municípios de menor renda. Nas palavras do Ministro Gilmar Mendes:

> Agora, se determinarmos, de forma direta ou de indireta, que o Estado do Rio faça a compensação em relação aos benefícios distribuídos nesses dez anos, teremos, talvez, a falência de serviços públicos nessas comunidades, e, portanto, uma sanção não para as autoridades, mas para as populações que dependem desses serviços públicos.

Tendo em vista que esses municípios dependiam daqueles valores, que deixariam de ser distribuídos até que houvesse a compensação em favor do município do Rio de Janeiro, houve uma imediata preocupação com o "excepcional interesse social", previsto no artigo 27 da Lei n º 9.868/1999 como um dos fundamentos para a aplicação do *efeito ex nunc.*

De forma inédita, a Suprema Corte passou a debater o impacto financeiro da sua própria declaração de inconstitucionalidade, ocasião em que todos os Ministros presentes na sessão de julgamento se manifestaram sobre esse tema.

A conclusão a que o STF chegou foi que não poderia haver a declaração de inconstitucionalidade com efeitos *ex tunc*, devendo a lei perdurar até a sua declaração de inconstitucionalidade. Entretanto, caberia ao estado do Rio de Janeiro compensar toda a distribuição feita de forma equivocada no passado, sem prejudicar os municípios de menor arrecadação. O acórdão, por sua vez, foi assim ementado:

> 4. Recurso extraordinário conhecido e provido, para que o Estado do Rio de Janeiro recalcule os coeficientes de participação dos municípios no produto da arrecadação do ICMS (parcela de ¼ de 25%, art. 158, IV, par. ún., II, da Constituição), atribuindo ao Município do Rio de Janeiro a cota que lhe é devida nos termos dos critérios já definidos pela Lei 2.664/1996 e desde o início da vigência de referida lei.
>
> 5. Uma vez que o recálculo do quadro de partilha poderá implicar diminuição da cota de participação dos demais municípios do Estado do Rio de Janeiro, com eventual compensação dos valores recebidos com os valores relativos aos exercícios futuros, a execução do julgado não poderá comprometer o sustentáculo financeiro razoável e proporcional dos municípios.

6. Logo, a lei que irá normatizar o recálculo e a transferência ao recorrente dos créditos pertinentes aos períodos passados deverá prever, ainda, compensação e parcelamento em condições tais que não impliquem aniquilamento das parcelas futuras devidas aos demais municípios.

O que se percebe com essa decisão é que o STF, pela primeira vez em um processo de natureza tributária, passou a dar uma certa objetividade ao conceito de "excepcional interesse social", previsto no artigo 27 da Lei n º 9.868/1999. Se a mera alegação de impacto nas contas públicas não era suficiente para a aplicação da modulação dos efeitos, a arrecadação decorrente da repartição do ICMS no período de dez anos, por sua vez, foi entendida como suficiente para que a declaração de inconstitucionalidade causasse efeitos prospectivos.

A terceira tese tributária que foi debatida perante a Suprema Corte, com possibilidade de modulação envolvendo o "excepcional interesse social", decorre de uma análise sobre a prescrição e a decadência.

Nos autos do Recurso Extraordinário nº 556.664, analisava-se a constitucionalidade dos artigos 45 e 46 da Lei nº 8.212/1991, nos seguintes moldes:

Art. 45. O direito da Seguridade Social apurar e constituir seus créditos extingue-se após 10 (dez) anos contados:

I – do primeiro dia do exercício seguinte àquele em que o crédito poderia ter sido constituído;

II – da data em que se tornar definitiva a decisão que houver anulado, por vício formal, a constituição de crédito anteriormente efetuada.

(...)

Art. 46. O direito de cobrar os créditos da Seguridade Social, constituídos na forma do artigo anterior, prescreve em 10 (dez) anos.

A análise feita pela Suprema Corte envolvia a verificação se uma lei ordinária poderia dispor sobre prescrição e decadência na esfera tributária, em que pese a Constituição Federal dispusesse sobre a necessidade de lei complementar para tratar do assunto:

Art. 146. Cabe à lei complementar:

III – estabelecer normas gerais em matéria de legislação tributária, especialmente sobre:

> (...)
> b) obrigação, lançamento, crédito, prescrição e decadência tributários;"

O fato é que a referida lei alargou o prazo decadencial e prescricional para dez anos, o que fez com que a Fazenda Pública tivesse um prazo superior para constituir e exigir os seus próprios tributos decorrentes da Seguridade Social.

As normas gerais de Direito Tributário são regidas pela Lei nº 5.172/1966 (Código Tributário Nacional). Todavia, quando da sua edição, vigorava a Constituição Federal de 1946 e não existia a figura da lei complementar.

Quando surgiu a figura da lei complementar, na Constituição Federal de 1967, o legislador constituinte trouxe essa preocupação que, em função da importância de certas matérias, como a prescrição e a decadência, seria necessário um quórum maior de votos para a aprovação de determinadas matérias.

Nesse cenário, o Código Tributário Nacional foi recepcionado nas Constituições Federais de 1967 e 1988 como lei complementar, apesar de ter sido inicialmente aprovado como lei ordinária. Por consequência, qualquer alteração ao seu texto, a partir de então, deveria ocorrer apenas e tão somente por meio de novas leis complementares.

Segundo o Ministro Gilmar Mendes, "retirar do âmbito da lei complementar a definição dos prazos e a possibilidade de definir as hipóteses de suspensão e interrupção da prescrição e da decadência é subtrair a própria efetividade da reserva constitucional."

Após o voto de todos os Ministros da Corte Constitucional, o entendimento firmado foi de que os artigos 45 e 46 da Lei nº 8.212/1991 eram inconstitucionais por tratarem de temas de reserva exclusiva das leis complementares, nos seguintes termos:

> As normas relativas à prescrição e à decadência tributárias têm natureza de normas gerais de direito tributário, cuja disciplina é reservada a lei complementar, tanto sob a Constituição pretérita (art. 18, § 1º, da CF de 1967/69) quanto sob a Constituição atual (art. 146, b, III, da CF de 1988). Interpretação que preserva a força normativa da Constituição, que prevê disciplina homogênea, em âmbito nacional, da prescrição, decadência, obrigação e crédito tributários. Permitir regulação distinta sobre esses temas,

pelos diversos entes da federação, implicaria prejuízo à vedação de tratamento desigual entre contribuintes em situação equivalente e à segurança jurídica.

II. DISCIPLINA PREVISTA NO CÓDIGO TRIBUTÁRIO NACIONAL. O Código Tributário Nacional (Lei 5.172/1966), promulgado como lei ordinária e recebido como lei complementar pelas Constituições de 1967/69 e 1988, disciplina a prescrição e a decadência tributárias.

III. NATUREZA TRIBUTÁRIA DAS CONTRIBUIÇÕES. As contribuições, inclusive as previdenciárias, têm natureza tributária e se submetem ao regime jurídico-tributário previsto na Constituição. Interpretação do art. 149 da CF de 1988. Precedentes.

IV. RECURSO EXTRAORDINÁRIO NÃO PROVIDO. Inconstitucionalidade dos arts. 45 e 46 da Lei 8.212/91, por violação do art. 146, III, b, da Constituição de 1988, e do parágrafo único do art. 5º do Decreto-lei 1.569/77, em face do § 1º do art. 18 da Constituição de 1967/69.

Após o debate quanto ao mérito, o Ministro Gilmar Mendes, como Relator do processo, trouxe para o debate a possibilidade de modulação dos efeitos dessa declaração de inconstitucionalidade, ocasião em que se mostrou favorável ao acolhimento do pleito:

> Estou acolhendo parcialmente o pedido de modulação de efeitos, tendo em vista a repercussão e a insegurança jurídica que se pode ter na hipótese; mas estou tentando delimitar esse quadro de modo a afastar a possibilidade de repetição de indébito de valores recolhidos nestas condições, com exceção das ações propostas antes da conclusão do julgamento.

Apesar de o Ministro Gilmar Mendes expor que o fundamento para a modulação dos efeitos seria a segurança jurídica, na prática não foi ela que fundamentou o acolhimento do pleito.

A segurança jurídica, como já visto nas teses tributárias apontadas em tópico acima, está relacionada com a mudança de entendimento da própria Corte – leia-se STF – sobre um determinado tema, a fim de resguardar a uniformidade da jurisprudência e assim evitar surpresas prejudiciais a todos aqueles que estavam abarcados pelo entendimento jurídico pretérito.

Ocorre que essa não era a situação fática envolvendo o Recurso Extraordinário nº 556.664. Como elucidado pelos Ministros no julgamento de mérito, a reserva de lei complementar para determinados temas já era um posicionamento consolidado da Suprema Corte. Não houve, portanto, qualquer mudança de posicionamento do STF que ensejasse a aplicação do conceito de "segurança jurídica" para fins de modulação.

Em que pese tenha sido usada essa nomenclatura, no entender do presente trabalho de forma equivocada, fato é que o fundamento utilizado pelo Ministro Gilmar Mendes em seu voto, ainda que não tenha constado de forma expressa, foi o "excepcional interesse social" em decorrência do impacto financeiro.

Caso não houvesse qualquer modulação, os contribuintes poderiam ajuizar as suas ações de repetição de indébito no prazo de dez anos, que era o mesmo prazo que dispunha até então a Fazenda Pública.

Nesse sentido, o ponto fático que ensejou a declaração do efeito *ex nunc* foi a não devolução dos valores já recolhidos aos cofres públicos. Confira-se:

> No entanto, os valores já recolhidos nestas condições, seja administrativamente, seja por execução fiscal, não devem ser devolvidos ao contribuinte, salvo se ajuizada a ação antes da conclusão do presente julgamento.
>
> (...)
>
> Portanto, reitero o voto pelo desprovimento do recurso extraordinário, declarando a inconstitucionalidade do parágrafo único do art. 5º do Decreto-lei nº 1.569 e dos arts. 45 e 46 da Lei nº 8.212, porém, com a modulação dos efeitos, ex nunc, apenas em relação às eventuais repetições de indébito ajuizadas após a presente data, a data do julgamento.

A diminuição do prazo para o ajuizamento das ações de repetição de indébito surgiu apenas e tão somente para diminuir eventuais impactos aos cofres públicos, que não deveriam ser afetados pela devolução de valores recolhidos há dez anos.

Manteve-se, então, o prazo prescricional e decadencial previsto no Código Tributário Nacional, de cinco anos, caso o contribuinte optasse por reaver quaisquer recolhimentos efetuados a maior.

Vale ressaltar que o Ministro Marco Aurélio ainda expôs que não haveria mudança de jurisprudência a ensejar a modulação com fundamento na "segurança jurídica":

> Ora, Presidente, neste caso concreto, em que a jurisprudência do Supremo, desde 1969, sempre foi no sentido de se ter como indispensável o trato da matéria mediante lei complementar – e a Lei nº 8.212, repito, é de 1991 não há premissa que leve o Tribunal a quase sinalizar no sentido de que vale a pena editar normas inconstitucionais porque, posteriormente, ante a morosidade da Justiça, se acaba chegando a um meio termo que, em última análise – em vez de homenagear a Constituição, de torná-la realmente observada por todos, amada por todos –, passa a mitigá-la, solapá-la, feri-la praticamente de morte.

Entretanto, o Ministro Marco Aurélio restou vencido e a Suprema Corte, por maioria de votos, aplicou efeitos prospetivos à sua declaração de inconstitucionalidade, em que pese o fundamento utilizado para a modulação não estivesse de acordo com o conceito de "segurança jurídica" aplicado em outras situações. Confira-se, a esse respeito, o seguinte trecho da ementa:

> V. MODULAÇÃO DOS EFEITOS DA DECISÃO. SEGURANÇA JURÍDICA. São legítimos os recolhimentos efetuados nos prazos previstos nos arts. 45 e 46 da Lei 8.212/91 e não impugnados antes da data de conclusão deste julgamento.

Essa decisão, cabe ressaltar, se tornou atípica ante a sua ausência de debate técnico sobre o fundamento jurídico que justificaria o efeito prospectivo. Em função da sua particularidade, percebe-se que a Fazenda Pública, em processos futuros, passou a utilizar esse julgamento como precedente para pleitear a modulação na esfera tributária.

A quarta tese tributária foi tratada nos autos do Recurso Extraordinário nº 363.852. Discutia-se, naqueles autos, a incidência da contribuição previdenciária sobre a receita bruta decorrente da comercialização de produtos rurais. Segundo o artigo 30, inciso IV da Lei nº 8.212/1991, vigente à época dos fatos, os adquirentes seriam os responsáveis pelo recolhimento das exações:

> Art. 30. A arrecadação e o recolhimento das contribuições ou de outras importâncias devidas à Seguridade Social obedecem às seguintes normas

> (...)
> IV – o adquirente, o consignatário ou a cooperativa ficam sub-rogados nas obrigações do segurado especial pelo cumprimento das obrigações do art. 25, exceto no caso do inciso X deste artigo, na forma estabelecida em regulamento;

O artigo 25, em seus incisos I e II da Lei nº 8.212/199, por sua vez, dispunha que os segurados obrigatórios eram as pessoas naturais que explorassem a atividade pecuária, nos seguintes termos:

> Art. 25. A contribuição da pessoa física e do segurado especial referidos, respectivamente, na alínea a do inciso V e no inciso VII do art. 12 desta lei, destinada à Seguridade Social, é de: (Redação dada pela Lei nº 8.540, de 1992).
> I – dois por cento da receita bruta proveniente da comercialização da sua produção; (Incluído pela Lei nº 8.540, de 1992).
> II – um décimo por cento da receita bruta proveniente da comercialização da sua produção para financiamento de complementação das prestações por acidente de trabalho. (Incluído pela Lei nº 8.540, de 1992).

Ocorre que o artigo 195 da Constituição Federal, vigente à época, não previa a possibilidade da incidência da contribuição previdenciária sobre a receita bruta, que só foi instituída após a edição da Emenda Constitucional nº 20/1998. Confira-se, a esse respeito, a redação até então vigente:

> Art. 195. A Seguridade Social será financiada por toda a sociedade, de forma direta e indireta, nos termos da lei, mediante recursos provenientes dos orçamentos da União, dos Estados, do Distrito Federal e dos Municípios, e das seguintes contribuições sociais:
> I – dos empregadores, incidente sobre a folha de salários, o faturamento e o lucro;

Como não havia, antes da Emenda Constitucional nº 20/1998, previsão da receita bruta como base de cálculo da contribuição para a seguridade social, passou-se a discutir se essa nova instituição, feita pela Lei nº 8.212/1991, somente poderia ter sido feita por uma lei complementar, nos termos dos artigos 195, §4º[31] e 154, inciso I[32] da Constituição Federal de 1988.

Após os Ministros votarem, foi reconhecida a inconstitucionalidade dessa cobrança, tendo em vista a ausência de autorização constitucional para se exigir a contribuição previdência, por sub-rogação, da receita bruta:

> RECURSO EXTRAORDINÁRIO - PRESSUPOSTO ESPECÍFICO - VIOLÊNCIA À CONSTITUIÇÃO - ANÁLISE - CONCLUSÃO. Porque o Supremo, na análise da violência à Constituição, adota entendimento quanto à matéria de fundo do extraordinário, a conclusão a que chega deságua, conforme sempre sustentou a melhor doutrina - José Carlos Barbosa Moreira -, em provimento ou desprovimento do recurso, sendo impróprias as nomenclaturas conhecimento e não conhecimento. CONTRIBUIÇÃO SOCIAL - COMERCIALIZAÇÃO DE BOVINOS - PRODUTORES RURAIS PESSOAS NATURAIS - SUB-ROGAÇÃO - LEI Nº 8.212/91 - ARTIGO 195, INCISO I, DA CARTA FEDERAL - PERÍODO ANTERIOR À EMENDA CONSTITUCIONAL Nº 20/98 - UNICIDADE DE INCIDÊNCIA - EXCEÇÕES - COFINS E CONTRIBUIÇÃO SOCIAL - PRECEDENTE - INEXISTÊNCIA DE LEI COMPLEMENTAR. Ante o texto constitucional, não subsiste a obrigação tributária sub-rogada do adquirente, presente a venda de bovinos por produtores rurais, pessoas naturais, prevista nos artigos 12, incisos V e VII, 25, incisos I e II, e 30, inciso IV, da Lei nº 8.212/91, com as redações decorrentes das Leis nº 8.540/92 e nº 9.528/97. Aplicação de leis no tempo – considerações.

Após o julgamento de mérito no recurso extraordinário, o Ministro Relator trouxe para o debate o pleito da Fazenda Pública sobre a modu-

[31] Art. 195. A seguridade social será financiada por toda a sociedade, de forma direta e indireta, nos termos da lei, mediante recursos provenientes dos orçamentos da União, dos Estados, do Distrito Federal e dos Municípios, e das seguintes contribuições sociais:
(...)
§ 4º A lei poderá instituir outras fontes destinadas a garantir a manutenção ou expansão da seguridade social, obedecido o disposto no art. 154, I.

[32] Art. 154. A União poderá instituir:
I – mediante lei complementar, impostos não previstos no artigo anterior, desde que sejam não-cumulativos e não tenham fato gerador ou base de cálculo próprios dos discriminados nesta Constituição;

lação dos efeitos dessa decisão. O Ministro Cezar Peluso se mostrou contrário à modulação e preocupado com os possíveis impactos de uma modulação na esfera tributária:

> Com o devido respeito aos votos divergentes, só quero dizer que essa generalização da modulação dos efeitos, em matéria tributária, na prática implica, pura e simplesmente, abolição do instituto da repetição de indébito. Se, em todos os casos de decisão de inconstitucionalidade, em matéria tributária, o Tribunal dispuser que só valerá dali para frente, a repetição de indébito tributário e a prescrição não serve para mais nada!

A preocupação com a excepcionalidade do instituto da modulação, mais uma vez, retornou ao STF. No entender do referido Ministro, caso essa técnica de julgamento fosse banalizada, não haveria mais a repetição do indébito tributário e nem a prescrição, já que a decisão de inconstitucionalidade somente geraria efeitos prospectivos.

Essa situação apenas reforça a análise excepcional que a Suprema Corte deve fazer antes de aplicar o efeito *ex nunc.* A Ministra Carmen Lúcia, por sua vez, expôs em seu voto a seguinte constatação:

> Primeiro, a Constituição, como lembrou o Ministro Marco Aurélio, aliás, de maneira muito firme tem repetido aqui que essa é uma constituição rígida que, uma vez afrontada, tendo sido afrontada, e, a não ser em situações excepcionalíssimas, em que a execução do que nós decidimos gere mais problemas sociais, principalmente, não econômicos ou financeiros, mas sociais, que realmente poderiam ensejar uma prática dessa natureza em caráter excepcionalíssimo, nós temos de manter até o que é pedagógico para os órgãos do Estado. Não se pode afrontar a Constituição, nem nós aqui, que nos submetemos à Constituição, nem o Congresso Nacional, nem o Poder Executivo. Errou, eu pago na minha vida pessoal e o Estado paga quando ele erra. Então, não se pode fazer realmente disso uma prática comum.

Dois pontos devem ser extraídos desse voto. O primeiro deles está relacionado ao conceito de "excepcional interesse social", previsto no artigo 27 da Lei nº 9.868/1999 como um dos fundamentos para a modulação.

No entender da citada Ministra, não bastaria que a decisão da Suprema Corta trouxesse um problema financeiro ou econômico, mas sim social. Deve existir, portanto, um nexo de causalidade entre aquele impacto financeiro e um problema social que será agravado com a ausência dos recursos públicos.

Sem essa demonstração de causalidade, não há que se falar em interesse social para a modulação, já será seria apenas e tão somente um impacto financeiro negativo para o estado, sem o preenchimento do requisito do "interesse social", que é necessário para o acolhimento da modulação.

O segundo ponto de destaque está relacionado ao caráter pedagógico de uma declaração de inconstitucionalidade. Para a Ministra, se houvesse a banalização da modulação, haveria um incentivo para que o estado continuasse a editar leis inconstitucionais, já que a declaração de inconstitucionalidade somente produziria efeitos prospectivos.

Assim, foi mais uma vez reafirmado pela Ministra Carmen Lúcia o caráter excepcional do instituto da modulação dos efeitos das decisões, que somente poderia ser invocada em uma situação excepcional, como dispõe o artigo 27 da Lei nº 9.868/1999.

Ao final do julgamento, a Suprema Corte acompanhou o entendimento liderado pela Ministra Carmen Lúcia e rejeitou o efeito *ex nunc*, por ter entendido que não havia qualquer um dos fundamentos - seja segurança jurídica ou excepcional interesse social - necessários para que a decisão produzisse efeitos prospectivos, restando vencida a Ministra Ellen Gracie.

A quinta tese tributária em que foi suscitada a modulação no STF, envolvendo o impacto nas contas públicas, decorre do fundo de participação dos estados[33]. A Ação Direta de Inconstitucionalidade nº 875 foi ajuizada pelos governadores dos estados do Rio Grande do Sul, Paraná e Santa Catarina contra o artigo 2º, incisos I e II, §§ 1º, 2º e 3º, bem como o Anexo Único da Lei Complementar nº 62/1989, que dispunha da seguinte forma:

> Art. 2º Os recursos do Fundo de participação dos estados e do Distrito Federal – FPE serão distribuídos da seguinte forma:

[33] Em sua obra, Sacha Calmon trata com maior aprofundamento sobre o sistema de repartição de receitas constitucionais. Coêlho, Sacha Calmon Navarro. *Curso de Direito Tributário Brasileiro*, 15ª ed., Editora Forense, Rio de Janeiro, 2016, págs. 348/350.

> I – 85% (oitenta e cinco por cento) às Unidades da Federação integrantes das regiões Norte, Nordeste e Centro-Oeste;
>
> II – 15% (quinze por cento) às Unidades da Federação integrantes das regiões Sul e Sudeste.
>
> § 1º Os coeficientes individuais de participação dos Estados e do Distrito Federal no Fundo de participação dos estados e do Distrito Federal – FPE a serem aplicados até o exercício de 1991, inclusive, são os constantes do Anexo Único, que é parte integrante desta Lei Complementar.
>
> § 2º Os critérios de rateio do Fundo de participação dos estados e do Distrito Federal, a vigorarem a partir de 1992, serão fixados em lei específica, com base na apuração do censo de 1990.
>
> § 3º Até que sejam definidos os critérios a que se refere o parágrafo anterior, continuarão em vigor os coeficientes estabelecidos nesta Lei Complementar.

Os Autores advogaram que a referida legislação estaria violando o artigo 161, inciso II da Constituição Federal de 1988[34], na medida em que não eram dispostos os critérios para o rateio do fundo de participação dos estados, trazendo consigo apenas os coeficientes já fixados para cada estado.

Além disso, foi defendido que a referida lei complementar estava sendo aplicada de forma ininterrupta, em que pese os critérios criados terem como prazo de validade até o exercício de 1991, quando seria editada uma nova lei com os critérios para o rateio dos estados, a vigorar a partir de 1992.

Entretanto, essa lei não foi editada e continuaram sendo aplicados os percentuais previstos desde 1989, sem que houvesse qualquer modificação no rateio dos valores arrecadados. Quando o STF julgou essa ação direta de inconstitucionalidade, em 24.2.2010, essa situação foi exposta pelo Ministro Gilmar Mendes em seu voto:

> Todavia, está claro que não é essa a situação com a qual nos deparamos no tocante à atual disciplina legislativa dos Fundos de Participação dos

[34] Art. 161. Cabe à lei complementar:
II – estabelecer normas sobre a entrega dos recursos de que trata o art. 159, especialmente sobre os critérios de rateio dos fundos previstos em seu inciso I, objetivando promover o equilíbrio sócio-econômico entre Estados e entre Municípios;

> Estados e do Distrito Federal. Conforme salientado, há lei destinada a viger apenas por dois exercícios (1990 e 1991) e que, por inércia legislativa, continua a produzir efeitos e a determinar o montante de recursos a ser repassado aos Estados e ao Distrito Federal.

Após o voto dos demais Ministros quanto ao mérito do processo, foi reconhecida a inconstitucionalidade dos dispositivos questionados na Lei Complementar nº 62/1989, ocasião em que o Ministro Gilmar Mendes trouxe para o debate o impacto prático dessa decisão:

> Por fim, é preciso reconhecer que, apesar de a Lei Complementar nº 62, de 28 de dezembro de 1989, não satisfazer integralmente à exigência contida na parte final do art. 161, II, da Constituição, sua imediata supressão da ordem jurídica representaria incomensurável prejuízo ao interesse público e à economia dos Estados, uma vez que o vácuo legislativo poderia inviabilizar, por completo, as transferências de recursos.

No entender do citado Ministro, a declaração de inconstitucionalidade com efeitos *ex tunc* geraria impactos sociais incomensuráveis, já que a Lei Complementar nº 62/1989 permaneceu em vigor, ainda que inconstitucional, durante aproximadamente vinte anos.

A imediata declaração da sua inconstitucionalidade e a consequente reorganização dos parâmetros de distribuição dos recursos dos fundos de participação dos estados poderia resultar em impactos financeiros graves aos estados que podem ter recebido a maior e passariam a receber cada vez menos com a nova forma de distribuição.

Segundo os dados do IBGE trazidos nos votos dos Ministros, o fundo de participação dos estados representava uma parcela considerável perante a arrecadação estatal, em alguns estados chegando a um percentual próximo de 50%.

Diante desse cenário fático, o STF, por maioria, vencido o Ministro Marco Aurélio, declarou a inconstitucionalidade com efeitos prospectivos, até que houvesse a edição de uma nova lei complementar fixando os critérios para o rateio do fundo de participação dos estados:

> Ações Diretas de Inconstitucionalidade (ADI nº 875/DF, ADI nº 1.987/DF, ADI nº 2.727/DF e ADI nº 3.243/DF). Fungibilidade entre as ações diretas de inconstitucionalidade por ação e por omissão. Fundo de parti-

cipação dos estados – FPE (art. 161, inciso II, da Constituição). Lei Complementar nº 62/1989. Omissão inconstitucional de caráter parcial. Descumprimento do mandamento constitucional constante do art. 161, II, da Constituição, segundo o qual lei complementar deve estabelecer os critérios de rateio do Fundo de participação dos estados, com a finalidade de promover o equilíbrio socioeconômico entre os entes federativos. Ações julgadas procedentes para declarar a inconstitucionalidade, sem a pronúncia da nulidade, do art. 2º, incisos I e II, §§ 1º, 2º e 3º, e do Anexo Único, da Lei Complementar n.º 62/1989, assegurada a sua aplicação até 31 de dezembro de 2012.

Com a finalidade de se evitar que o tema não retornasse para um novo julgamento, a Suprema Corte fixou o prazo aproximado de dois anos, a contar do seu julgamento, ou seja, até 31.12.2012, para que o Poder Legislativo editasse uma nova lei complementar. Até esse momento, os dispositivos declarados inconstitucionais permaneceriam em vigor.

A sexta tese tributária em que a modulação foi trazida para o debate no STF resulta dos benefícios fiscais de ICMS concedidos unilateralmente pelos estados. Como, nessa mesma tese, a Suprema Corte excepcionalmente não se posicionou da mesma forma sobre o instituto da modulação, é imprescindível trazer os principais processos em que o tema foi debatido, a fim de se constatar o posicionamento mais recente do STF sobre essa questão.

Inicialmente, o tema foi debatido nos autos da Ação Direta de Inconstitucionalidade nº 3.794. A ação em referência foi ajuizada pelo governador do estado do Paraná contra a Lei Complementar Estadual nº 93/2001, do estado do Mato Grosso do Sul, "especialmente seus artigos 6º, 7º e 8º", que reduziam o saldo devedor do ICMS.

Segundo o autor da ação direta de inconstitucionalidade, essa redução do saldo devedor do ICMS violaria, principalmente, o artigo 150, §6º[35]

[35] Art. 150. Sem prejuízo de outras garantias asseguradas ao contribuinte, é vedado à União, aos Estados, ao Distrito Federal e aos Municípios:

(...)

§ 6º Qualquer subsídio ou isenção, redução de base de cálculo, concessão de crédito presumido, anistia ou remissão, relativos a impostos, taxas ou contribuições, só poderá ser concedido mediante lei específica, federal, estadual ou municipal, que regule exclusivamente as

e o artigo 155, §2º, inciso XII, alínea "g"[36], ambos da Constituição Federal de 1988.

Segundo os referidos dispositivos constitucionais, cabe à lei complementar dispor sobre como os benefícios fiscais relacionados ao ICMS serão instituídos, regulados e revogados.

A Lei Complementar nº 24/1975, recepcionada pela Constituição Federal de 1988, dispõe sobre esse tema ao afirmar que, para a concessão de benefícios fiscais, deve haver a aprovação unânime dos estados no âmbito do Conselho Nacional de Política Fazendária ("CONFAZ"):

> Art. 1º – As isenções do imposto sobre operações relativas à circulação de mercadorias serão concedidas ou revogadas nos termos de convênios celebrados e ratificados pelos Estados e pelo Distrito Federal, segundo esta Lei.
>
> Parágrafo único – O disposto neste artigo também se aplica:
>
> I – à redução da base de cálculo;
>
> II – à devolução total ou parcial, direta ou indireta, condicionada ou não, do tributo, ao contribuinte, a responsável ou a terceiros;
>
> III – à concessão de créditos presumidos;
>
> IV – à quaisquer outros incentivos ou favores fiscais ou financeiro-fiscais, concedidos com base no Imposto de Circulação de Mercadorias, dos quais resulte redução ou eliminação, direta ou indireta, do respectivo ônus;
>
> V – às prorrogações e às extensões das isenções vigentes nesta data.
>
> Art. 2º – Os convênios a que alude o art. 1º, serão celebrados em reuniões para as quais tenham sido convocados representantes de todos os Estados e do Distrito Federal, sob a presidência de representantes do Governo federal.
>
> § 1º – As reuniões se realizarão com a presença de representantes da maioria das Unidades da Federação.

matérias acima enumeradas ou o correspondente tributo ou contribuição, sem prejuízo do disposto no art. 155, § 2.º, XII, g.

[36] Art. 155. Compete aos Estados e ao Distrito Federal instituir impostos sobre:

§ 2º O imposto previsto no inciso II atenderá ao seguinte:

(...)

XII – cabe à lei complementar:

(...)

g) regular a forma como, mediante deliberação dos Estados e do Distrito Federal, isenções, incentivos e benefícios fiscais serão concedidos e revogados.

> § 2º – A concessão de benefícios dependerá sempre de decisão unânime dos Estados representados; a sua revogação total ou parcial dependerá de aprovação de quatro quintos, pelo menos, dos representantes presentes.

Dessa forma, diante do impacto que determinado benefício fiscal pode causar na federação, a legislação pátria determina que a concessão de benefícios fiscais relacionados ao ICMS deve ser previamente aprovada, por unanimidade, no âmbito do CONFAZ.

Em seu voto, o Ministro Joaquim Barbosa, como relator da ação, expôs que "a orientação da Corte é inequívoca no sentido de que a concessão de benefício fiscal, sem amparo em Convênio, viola o artigo 155, §2º, XII, g da Constituição", ocasião em que foram trazidos precedentes do Supremo.

O que se percebe é que o posicionamento do STF sobre o tema é pacífico no sentido da declaração de inconstitucionalidade dos benefícios fiscais de ICMS instituídos sem respaldo em Convênio do CONFAZ. Ocorre que, até então, o tema da modulação não havia sido suscitado.

Nos autos da Ação Direta de Inconstitucionalidade nº 3.794, o STF julgou parcialmente procedente a ação, com a declaração de inconstitucionalidade do artigo 6º, naquilo que se referia aos "benefícios fiscais" e "financeiros-fiscais", bem como aos artigos 7º e 8º da Lei Complementar Estadual nº 93/2001, do estado do Mato Grosso do Sul.

Posteriormente, em 20.8.2014, a Suprema Corte julgou a Ação Direta de Inconstitucionalidade nº 429. Dessa vez, a ação foi ajuizada pelo Governador do estado do Ceará visando a declaração de inconstitucionalidade de alguns artigos da própria Constituição do estado do Ceará[37], que dispunham sobre benefícios fiscais relativos ao ICMS, em especial o seu artigo 192, §2º:

> Art. 192. A lei poderá isentar, reduzir ou agravar tributos, com finalidades extrafiscais por incentivo a atividades socialmente úteis ou desestimular práticas inconvenientes ao interesse público, observados os disciplinamentos federais.
>
> (...)

[37] Artigos 192, §§ 1º e 2º; 193 e seu parágrafo único; 201 e seu parágrafo único; 273, parágrafo único; e 283, III, todos da Constituição do estado do Ceará.

> §2º Concede-se isenção tributária de ICMS aos implementos e equipamentos destinados aos deficientes físicos auditivos, visuais, mentais e múltiplos, bem como aos veículos automotores de fabricação nacional com até 90 HP de potência adaptados para o uso de pessoas portadoras de deficiência.

Como os demais dispositivos tratavam, de forma geral, de benefícios fiscais de ICMS, sua declaração de inconstitucionalidade ocorreu com efeitos retroativos, mantendo-se o entendimento da Corte Constitucional sobre o tema.

Entretanto, com relação ao artigo 192, §2º, da Constituição Estadual do Ceará, a Suprema Corte entendeu que haveria uma situação a parte para ser analisada, em função dessa norma estar direcionada aos portadores de necessidades especiais. Essa situação foi exposta da seguinte forma pelo Ministro Roberto Barroso:

> Presidente, não para mexer no dispositivo, mas só para ficar registrado – nas antigas notas taquigráficas, não é? Agora não é mais notas taquigráficas – que nós estamos fazendo esta exceção pela singularidade de estarmos protegendo as pessoas deficientes e que nós não estamos chancelando em amplo espectro a concessão de isenções para, a posteriori, submeter ao CONFAZ. Portanto, é muito pontual esta exceção que nós estamos abrindo.

Extrai-se desse voto, que foi acompanhado pela maioria dos Ministros da Suprema Corte, a preocupação e a peculiaridade de se permitir modulação em processos que envolvam os benefícios fiscais de ICMS.

Apesar de os demais dispositivos questionados terem sido declarados inconstitucionais, com efeitos retroativos, o dispositivo referente aos portadores de necessidades especiais foi entendido como suficiente para se utilizar a fundamentação do "excepcional interesse social", previsto no artigo 27 da Lei nº 9.868/1999.

Após o voto do Ministro Marco Aurélio, que não aceitou a modulação dos efeitos, a Corte entendeu que aquele dispositivo iria permanecer em vigor por mais doze meses, a contar da publicação da ata da sessão, nos seguintes termos:

> O Tribunal, por unanimidade e nos termos do voto do Relator, julgou improcedente o pedido em relação ao § 1º do art. 192 da Constituição do Estado do Ceará. Por maioria e nos termos do voto do Relator, o Tribunal

julgou parcialmente procedente a ação direta para dar interpretação conforme à CF ao § 2º do art. 192 da Constituição do Estado do Ceará, sem declaração de nulidade, concedendo o prazo de sobrevida do benefício por 12 (doze) meses a partir da publicação da ata desta sessão, vencido, em parte, o Ministro Marco Aurélio, que declarava integralmente procedente a ação para julgar inconstitucional o dispositivo, por vício formal.

Em que pese a jurisprudência do STF, de forma geral, tenha sido mantida pela não modulação envolvendo os benefícios fiscais relativos ao ICMS, abriu-se um precedente em que houve a modulação em função de uma norma específica impugnada englobar os portadores de necessidades especiais.

Na sequência, o tema voltou a debate nos autos da Ação Direta de Inconstitucionalidade nº 4.481. Dessa vez, a ação foi proposta pela Confederação Nacional da Indústria ("CNI") contra os artigos 1 a 8 e ao artigo 11 da Lei nº 14.985/2006, do estado do Paraná.

O Ministro Roberto Barroso, como Relator do processo, votou pela inconstitucionalidade de apenas alguns dispositivos questionados, tendo em vista que algumas das normas questionadas não tratavam de benefícios fiscais relativos ao ICMS, como, por exemplo, a suspensão do pagamento do ICMS incidente sobre a importação de matéria-prima ou de material intermediário para momento posterior.

Por outro lado, os demais dispositivos, que instituíram benefícios fiscais relativos ao ICMS, qual seja, a concessão de créditos fictícios de ICMS, de forma a reduzir artificialmente o valor do tributo a ser pago pelo contribuinte, foram entendidos como inconstitucionais pelo Ministro Relator. Por unanimidade de votos, a ação foi julgada parcialmente procedente, com a seguinte declaração de inconstitucionalidade:

> O Tribunal, por unanimidade e nos termos do voto do Relator, julgou parcialmente procedente o pedido para declarar a inconstitucionalidade do art. 1º, inciso II, e dos artigos 2º, 3º, 4º, 6º, 7º, 8º e 11 da Lei nº 14.985, de 06 de janeiro de 2006, do Estado do Paraná.

No que se refere à modulação dos efeitos dessa decisão, o Ministro Roberto Barroso fez algumas considerações até então inéditas na Corte Constitucional.

O Ministro Joaquim Barbosa, que posteriormente veio a ser sucedido pelo Ministro Roberto Barroso, entendeu, como relator originário da citada Ação Direta de Inconstitucionalidade, que o processo deveria seguir o rito processual previsto no artigo 12 da Lei nº 9.868/1999[38], ocasião em que a medida cautelar não foi analisada.

Nesse cenário, sem que houvesse a análise da medida cautelar, os dispositivos ora declarados inconstitucionais permaneceram em vigor por aproximadamente oito anos, como expôs o Ministro Roberto Barroso em seu voto:

> É certo que a jurisprudência do STF sobre o procedimento a ser observado para o deferimento de benefícios em matéria de ICMS é mais do que conhecida. Não gera grande surpresa a decisão ora proferida, no sentido da inconstitucionalidade da lei estadual. Por outro lado, a norma em exame vigorou por oito anos, com presunção de constitucionalidade, de modo que a atribuição efeitos retroativos à declaração de inconstitucionalidade geraria um grande impacto e um impacto injusto para os contribuintes.
>
> Por isso, registro que a minha sugestão, nesses casos, é de que os relatores procurem se pronunciar sobre o pedido de cautelar no primeiro momento possível, trazendo em seguida a decisão ao plenário para referendo. Não tendo havido deferimento de cautelar, contudo, parece-me difícil afastar a modulação dos efeitos temporais da decisão.

Diante dessa situação fática, em que a legislação impugnada não foi suspensa por um rito processual que deixou de analisar a cautelar pleiteada, o Ministro Roberto Barroso propôs a modulação da decisão "para dotá-la de eficácia a partir da data da sessão em que se concluiu o julgamento".

O Ministro Marco Aurélio, por sua vez, se posicionou contra a modulação, em especial pelo fato de que a Suprema Corte já possuía posicionamento pacífico quanto à inconstitucionalidade da norma impugnada, nos seguintes moldes:

[38] Art. 12. Havendo pedido de medida cautelar, o relator, em face da relevância da matéria e de seu especial significado para a ordem social e a segurança jurídica, poderá, após a prestação das informações, no prazo de dez dias, e a manifestação do Advogado-Geral da União e do Procurador-Geral da República, sucessivamente, no prazo de cinco dias, submeter o processo diretamente ao Tribunal, que terá a faculdade de julgar definitivamente a ação.

> Fico a imaginar em que caso se deixará de modular a decisão, se, num caso em que houve o desrespeito flagrante, frontal à Constituição, mais do que isso, a reiterados pronunciamentos do Supremo, é implementada a modulação.
>
> Não sei se sou compelido a pedir vênia para divergir, mas não vou pedir. É menoscabo à Carta da República editar uma lei como essa, em conflito evidente com a Constituição, já que a sujeição ao convênio unânime nela está em bom vernáculo, para chegar-se ao benefício, e, então, simplesmente, apostar-se na morosidade da Justiça, que, em um futuro próximo, acomodará a situação.

O que se percebe desse julgamento é que nenhum dos fundamentos dispostos no artigo 27 da Lei nº 9.868/1999 foi trazido de forma explícita como fundamento para a modulação. Como a jurisprudência do STF era em sentido contrário ao que foi decidido, não poderia se cogitar a "segurança jurídica".

Ainda que indiretamente, foi aplicado o "excepcional interesse social", tendo em vista que o Ministro Roberto Barroso quis resguardar as "relações que já se constituíram", ou seja, evitar o impacto que a declaração de inconstitucionalidade retroativa poderia resultar para aqueles que estavam, sob a sua ótica, cumprindo a lei até então tida como constitucional.

Entretanto, trata-se de uma modulação *sui generis*, em que o principal fundamento utilizado foi a ausência de análise da medida cautelar para suspensão da legislação impugnada. Caso a legislação tivesse sido suspensa de forma cautelar, não seria suscitada e muito menos acolhida a modulação.

Portanto, por não estar fundamentada, de forma explícita, no artigo 27 da Lei nº 9.868/1999, é necessário refletir se um aspecto processual seria suficiente para resultar na modulação dos efeitos da decisão. No entender do presente trabalho, não, apesar dele estar acompanhado de um impacto financeiro.

Caso o aspecto processual fosse um fator secundário, ou seja, seguido do aspecto financeiro e do impacto social de uma decisão da Suprema Corte, poder-se-ia até mesmo aceitar a modulação que envolvesse esse aspecto processual.

Por outro lado, o inverso, no entender do presente estudo, não deve ser aplicado, sob pena de se criar um fundamento para a modulação que não está previsto no artigo 27 da Lei nº 9.868/1999.

Se a legislação foi específica e sucinta quanto aos dois requisitos que ensejam o efeito *ex nunc*, não cabe citá-los de forma secundária. Deve haver um debate quanto a um desses requisitos e uma vez um deles estando preenchido, em sua íntegra, cogitar-se-á o efeito prospectivo.

Permitir a modulação de forma *sui generis*, ou seja, com fundamento principal em um aspecto processual e não material, apenas pode resultar em um grau maior de insegurança jurídica para aqueles que aguardam, há anos, por um posicionamento do STF sobre determinado tema tributária. De todo modo, a Suprema Corte, por maioria, vencido o Ministro Marco Aurélio, entendeu por modular os efeitos da declaração de inconstitucionalidade, a contar da data da sessão de julgamento.

Por último, na Ação Direta de Inconstitucionalidade nº 3.796, em que também se discutia a tese de benefícios fiscais do ICMS, mais uma vez foi suscitada a modulação.

Inicialmente, o Ministro Gilmar Mendes, como Relator do processo, entendeu pela inconstitucionalidade dos dispositivos questionados que tratavam de benefícios fiscais de ICMS[39], em consonância com a jurisprudência da Corte Constitucional.

Todavia, ao suscitar o debate da modulação, assim se posicionou:

> A orientação desta Corte a respeito do tema sempre foi taxativamente contra a modulação de efeitos nas ações diretas que versassem tema da guerra fiscal, como é consabido.
>
> (...)
>
> Há, no entanto, pelo menos um precedente no qual o Tribunal adotou solução diversa. Refiro-me à ADI 4.481/PR, também de relatoria do Min. Roberto Barroso:
>
> (...)
>
> Entendo que as mesmas razões são de aplicar no caso em tela. Afinal, tem-se lei que está em vigor há mais de dez anos, impugnada desde 12.9.2006 e com inclusão em pauta desde 2008.

[39] Lei Estadual nº 15.054/2006, do estado do Paraná.

> Há, portanto, razões de segurança jurídica e de interesse social a justificar a modulação dos efeitos no caso em exame para que a declaração de inconstitucionalidade produza efeitos a partir da data da publicação da ata de julgamento.

O que se extrai desse voto é que o julgamento pretérito, decorrente da Ação Direta de Inconstitucionalidade nº 4.481 e citado acima, impactou neste julgamento mais recente. Mais uma vez, pelo fato de a lei impugnada não ter sido suspensa de forma cautelar, foi proposta a modulação dos efeitos da decisão.

Por maioria, o STF acolheu a modulação dos efeitos da declaração de inconstitucionalidade. O Ministro Marco Aurélio, mais uma vez, restou vencido.

Apesar de a modulação também ter sido concedida em função da inexistência de análise da cautelar que acolhesse a suspensão das normas discutidas, o marco temporal para a modulação não foi uniforme.

Como já explicitado acima, na Ação Direta de Inconstitucionalidade nº 4.481, a declaração de inconstitucionalidade foi proclamada a partir da data da sessão de julgamento. Por outro lado, na Ação Direta de Inconstitucionalidade nº 3.796, a declaração de inconstitucionalidade somente passou a produzir efeitos a partir da publicação da ata de julgamento.

Se ambas as decisões usaram fundamentos idênticos para a modulação, o marco temporal adotado também deveria ter sido no mesmo sentido. Isso apenas evidencia o caráter *sui generis* dessa fundamentação, em que sequer foi adotado um critério uniforme para o termo inicial da modulação.

Como consequência, mesmo nos processos em que se discuta uma tese cuja inconstitucionalidade é notória, não se saberá, com clareza, qual será o marco inicial para a declaração de inconstitucionalidade produzir os seus regulares efeitos, de modo que, no entender do presente trabalho, a modulação dos efeitos não deveria ter sido acolhida nessa tese tributária.

A sétima tese tributária analisada pelo STF, em que o efeito prospectivo foi suscitado envolvendo o impacto nas contas públicas, decorre do PIS/COFINS-Importação.

O Recurso Extraordinário nº 559.937 foi interposto pela União Federal contra acórdão que, aplicando decisão tomada pelo Tribunal Regional Federal da 4ª Região em sede de Arguição de Inconstitucionalidade, considerou inconstitucional uma parte do art. 7º, inciso I, da Lei nº 10.865/2004, que possuía a seguinte redação:

> Art. 7º A base de cálculo será:
> I – o valor aduaneiro, assim entendido, para os efeitos desta Lei, o valor que servir ou que serviria de base para o cálculo do imposto de importação, acrescido do valor do Imposto sobre Operações Relativas à Circulação de Mercadorias e sobre Prestação de Serviços de Transporte Interestadual e Intermunicipal e de Comunicação – ICMS incidente no desembaraço aduaneiro e do valor das próprias contribuições, na hipótese do inciso I do caput do art. 3º desta Lei;

Em linhas gerais, discutia-se a base de cálculo do PIS/COFINS-Importação. Segundo o referido dispositivo legal, as contribuições deveriam incidir sobre o valor aduaneiro, acrescido do ICMS e do valor das próprias contribuições.

Inicialmente, a Ministra Ellen Gracie, como relatora do processo, expôs que não se poderia equiparar o PIS e a COFINS com o PIS-Importação e a COFINS-Importação, por se tratarem de exações distintas:

> Não há como equiparar de modo absoluto a tributação da importação com a tributação das operações internas. Basta ver que o PIS/PASEP-Importação e a COFINS-Importação incidem sobre operação na qual o contribuinte efetuou despesas com a aquisição do produto importado, enquanto a PIS e a COFINS internas incidem sobre o faturamento, ou a receita, conforme o regime. Pode-se buscar efeitos semelhantes, inclusive correlacionando aquelas contribuições com estas no regime não-cumulativo mediante créditos e compensações, mas não há como pretender identidade absoluta. São tributos distintos. Pretender que sejam exatamente os mesmos os tributos incidentes nas operações internas é nas externas e, ainda mais, que sejam calculados do mesmo modo é desconsiderar as peculiaridades de cada contexto.

Além disso, ao analisar o mérito em debate, a Ministra se posicionou pela inconstitucionalidade da legislação que determinava a base de cálculo do PIS/COFINS-Importação, pela violação ao artigo 149, §2º, inciso III, alínea "a" da Constituição Federal de 1988. Confira-se:

> Art. 149. Compete exclusivamente à União instituir contribuições sociais, de intervenção no domínio econômico e de interesse das categorias profissionais ou econômicas, como instrumento de sua atuação nas respectivas áreas, observado o disposto nos arts. 146, III, e 150, I e III, e sem prejuízo do previsto no art. 195, § 6º, relativamente às contribuições a que alude o dispositivo.
>
> (...)
>
> § 2º As contribuições sociais e de intervenção no domínio econômico de que trata o *caput* deste artigo: (*Incluído pela Emenda Constitucional nº 33, de 2001*)
>
> (...)
>
> III – poderão ter alíquotas: (*Incluído pela Emenda Constitucional nº 33, de 2001*)
>
> a) *ad valorem*, tendo por base o faturamento, a receita bruta ou o valor da operação e, no caso de importação, o valor aduaneiro; (*Incluído pela Emenda Constitucional nº 33, de 2001*)

Após os votos dos demais Ministros, que acompanharam a Ministra Relatora, o STF negou provimento ao recurso extraordinário para reconhecer a inconstitucionalidade da expressão "acrescido do valor do Imposto sobre Operações Relativas à Circulação de Mercadorias e sobre Prestação de Serviços de Transporte Interestadual e Intermunicipal e de Comunicação – ICMS incidente no desembaraço aduaneiro e do valor das próprias contribuições", contida no inciso I do art. 7º da Lei nº 10.865/2004. O julgamento de mérito, por sua vez, ocorreu em 20.3.2013.

Em 17.9.2014, foram julgados os embargos de declaração opostos pela União Federal, em que se pleiteava a modulação dos efeitos da declaração de inconstitucionalidade. De forma inédita, a Fazenda Nacional pleiteou a modulação sob o argumento do impacto negativo em 34 bilhões de reais nas contas públicas, caso a decisão de mérito fosse aplicada sem qualquer limitação temporal.

O Ministro Dias Toffoli, como Relator do processo, se posicionou contrário à modulação pleiteada com base nesses números:

A mera alegação de perda de arrecadação não é suficiente para comprovar a presença do excepcional interesse social a justificar a modulação dos efeitos da declaração de inconstitucionalidade na forma pretendida.

Segundo esse voto, a mera apresentação, pelo Fisco, de um valor numérico, sem a indicação de qualquer relação com a realidade social, não seria suficiente para a modulação dos efeitos da decisão. Para tanto, não seria necessário apenas um valor negativo nas contas públicas, mas também uma relação desse número para com a sociedade, em especial com os serviços básicos para a manutenção do Estado.

Em que pese esse entendimento já ter sido proferido em algumas das teses citadas acima, no presente julgamento essa posição se tornou ainda mais evidente. Por unanimidade de votos, foram rejeitados os embargos de declaração e consequentemente a modulação.

A oitava tese tributária em que foi debatida a possibilidade de modulação está relacionada com as contribuições previdenciárias.

Discutiu-se, nos autos do Recurso Extraordinário nº 595.838, a constitucionalidade da contribuição previdenciária instituída pelo artigo 22, inciso IV, da Lei nº 8.212/1991, com a redação dada pela Lei nº 9.876/99, nos seguintes termos:

> Art. 22. A contribuição a cargo da empresa, destinada à Seguridade Social, além do disposto no art. 23, é de:
>
> (...)
>
> IV – quinze por cento sobre o valor bruto da nota fiscal ou fatura de prestação de serviços, relativamente a serviços que lhe são prestados por cooperados por intermédio de cooperativas de trabalho. (Incluído pela Lei nº 9.876, de 1999).

Entre outras questões, foi analisado pela Suprema Corte se a referida contribuição previdenciária teria extrapolado o artigo 195, inciso I da Constituição Federal de 1988, que dispunha sobre os seguintes requisitos para a incidência das contribuições previdenciárias:

> Art. 195. A seguridade social será financiada por toda a sociedade, de forma direta e indireta, nos termos da lei, mediante recursos provenientes dos orçamentos da União, dos Estados, do Distrito Federal e dos Municípios, e das seguintes contribuições sociais:

> I – do empregador, da empresa e da entidade a ela equiparada na forma da lei, incidentes sobre: (Redação dada pela Emenda Constitucional nº 20, de 1998)
>
> a) a folha de salários e demais rendimentos do trabalho pagos ou creditados, a qualquer título, à pessoa física que lhe preste serviço, mesmo sem vínculo empregatício; (Incluído pela Emenda Constitucional nº 20, de 1998)
>
> b) a receita ou o faturamento; (Incluído pela Emenda Constitucional nº 20, de 1998)
>
> c) o lucro;

Após o voto dos Ministros, por unanimidade, foi declarada a inconstitucionalidade dessa contribuição previdenciária, por se entender que ocorreu a violação ao artigo 195, inciso I da Constituição Federal de 1988, já que, segundo o STF, a base de cálculo deveria estar relacionada ao valor da remuneração do serviço e com base em valores pagos a qualquer título. Confira-se, a esse respeito, o voto do Ministro Relator Dias Toffoli, que demonstra o posicionamento adotado:

> No caso da contribuição previdenciária examinada nestes autos, cujo critério material pretende ser o da prestação do serviço, a base de cálculo não poderia ser outra que não o valor da remuneração desse serviço. Dito de outro modo, a base de cálculo há de ser representada pela medida do serviço prestado pelo cooperado, havendo manifesta violação do texto constitucional na hipótese de se calcular a contribuição com base em valores pagos a qualquer outro título.

Após o julgamento de mérito em 23.4.2014, o referido processo retornou a julgamento em 18.12.2014, para análise dos embargos de declaração opostos pela Fazenda Pública, ocasião em que se pleiteou a modulação dos efeitos dessa decisão.

Na oportunidade, foi destacado que, segundo a Fazenda Nacional, a inocorrência da modulação resultaria em um impacto negativo de 7,78 bilhões de reais[40] aos cofres públicos, se levado em consideração apenas o período de 2004 a 2013.

[40] Dado apresentado com fundamento na Nota CETAD/COEST nº 149/2014, da Receita Federal do Brasil.

O Ministro Dias Toffoli, por sua vez, manteve o entendimento de que "a mera alegação de perda de arrecadação não é suficiente para comprovar a presença do excepcional interesse social a justificar a modulação dos efeitos da declaração de inconstitucionalidade na forma pretendida". Por unanimidade de votos, a modulação dos efeitos foi rejeitada pela Suprema Corte.

O que se percebe, com mais essa decisão, é uma tendência que a Suprema Corte tem de afastar a modulação para aqueles casos em que são trazidos apenas valores numéricos, sem qualquer relação do valor que deixar de ser arrecadado com o seu impacto social.

A nona tese tributária em que foi debatida a possibilidade de modulação deriva da análise do STF sobre a taxa de serviços administrativos recolhida em favor da Superintendência da Zona Franca de Manaus ("SUFRAMA").

Nos autos do Agravo em Recurso Extraordinário nº 957.650, foi analisada a constitucionalidade da Taxa de Serviços Administrativos (TSA), a ser paga em favor da SUFRAMA.

No entender daqueles que arguiam a sua inconstitucionalidade, haveria a violação ao artigo 145, inciso II da Constituição Federal de 1988[41], pelo artigo 1º da Lei nº 9.960/2000 supostamente não ter delineado o fato gerador da cobrança, nos seguintes termos:

> Art. 1º. É instituída a Taxa de Serviços Administrativos – TSA, tendo como fato gerador o exercício regular do poder de polícia, ou a utilização, efetiva ou potencial, de serviço público específico e divisível, prestado ao contribuinte ou posto à sua disposição pela Superintendência da Zona Franca de Manaus – Suframa.

Sem grandes debates sobre o tema e apenas em uma manutenção da sua jurisprudência, a Suprema Corte, agora em sede de repercussão geral, decidiu pela inconstitucionalidade do artigo 1º da Lei nº

[41] Art. 145. A União, os Estados, o Distrito Federal e os Municípios poderão instituir os seguintes tributos:
I – impostos;
II – taxas, em razão do exercício do poder de polícia ou pela utilização, efetiva ou potencial, de serviços públicos específicos e divisíveis, prestados ao contribuinte ou postos a sua disposição;

9.960/2000, pela referida espécie tributária não ter esclarecido qual seria a contraprestação estatal para essa cobrança. Confira-se a ementa:

> TRIBUTÁRIO. RECURSO EXTRAORDINÁRIO COM AGRAVO. SUPERINTENDÊNCIA DA ZONA FRANCA DE MANAUS (SUFRAMA). COBRANÇA DA TAXA DE SERVIÇOS ADMINISTRATIVOS, INSTITUÍDA PELO ART. 1º DA LEI 9.960/00. INCONSTITUCIONALIDADE. 1. É inconstitucional o art. 1º da Lei 9.960/00, que instituiu a Taxa de Serviços Administrativos (TSA), por não definir de forma específica o fato gerador da exação. 2. Agravo conhecido para negar provimento ao recurso extraordinário, com o reconhecimento da repercussão geral do tema e a reafirmação da jurisprudência sobre a matéria.

No julgamento dos embargos de declaração, foi suscitada pela Fazenda Pública a necessidade de modulação dos efeitos da declaração de inconstitucionalidade, em especial pelo impacto de desestabilização da autarquia com a provável repetição de indébito dos diversos contribuintes que pleiteariam a devolução ao Poder Judiciário.

Todavia, o STF rechaçou de forma consolidada qualquer possibilidade de modulação para a presente demanda, haja vista que foi constatado que, na verdade, os valores arrecadados pela SUFRAMA sequer eram direcionados para a finalidade esperada, nos seguintes termos:

> (...) a Corte de Contas, a partir da análise da mesma nota técnica invocada nos presentes embargos de declaração (Nota Técnica 35/2014-COGEC), asseverou que a maior parte dos recursos arrecadados por meio da Taxa de Serviços Administrativos, nos anos de 2008 a 2013, foram contingenciados pela União a fim de compor os superávits primários, para pagamento da dívida pública federal.

Após tal análise, o pleito de modulação foi afastado, na medida em que o argumento financeiro não poderia surtir qualquer efeito se a destinação do valor arrecadado com a taxa não vinha sendo cumprida.

Encerrada a exposição das principais teses tributárias analisadas pelo STF, em que foi suscitado, direta ou indiretamente, o impacto financeiro nas contas públicas, resta saber se a argumentação trazida pelo Fisco nesses processos foi crucial ou ao menos levada em consideração para o acolhimento da modulação em algumas dessas teses tributárias. Ademais, também deve ser averiguado se a Fazenda Pública adotou a mesma linha de argumentação nesses processos.

### 2.3. A linha de argumentação da Fazenda Pública ao pleitear a modulação dos efeitos nos processos tributários

Dentre os cento e quarenta e quatro processos analisados, envolvendo processos de natureza tributária desde a edição da Lei nº 9.868/1999, a Fazenda Pública requereu a modulação em setenta e sete processos, o que evidencia um percentual de cinquenta e três por cento de todo o acervo analisado.

Em outras palavras, a cada dois processos em que a modulação foi suscitada para o debate, em um deles houve o pleito de modulação da Fazenda Pública, independentemente do seu fundamento.

Vale destacar que a Fazenda Pública já pleiteou a modulação tanto sob o fundamento da "segurança jurídica" quanto do "excepcional interesse social". Entretanto, como o presente trabalho possui como objetivo principal analisar o posicionamento do STF quando o impacto financeiro foi trazido para o debate, a análise da argumentação do Fisco englobará apenas aqueles processos em que o argumento utilizado envolve o impacto negativo nas contas públicas.

Nesse contexto, se mostra importante a verificação de como o argumento financeiro tem sido trazido pelo Fisco com o passar dos anos, ou seja, desde 1999, com a finalidade de se compreender a atual linha de argumentação que o STF analisa e continuará a analisar em processos futuros.

Após a conclusão da pesquisa sobre todos os processos em que foi suscitada a modulação envolvendo o argumento financeiro, tem-se quatro estratégias principais e distintas que foram adotadas pela Fazenda Pública com o passar dos anos.

A primeira delas ocorreu quando se discutia a inconstitucionalidade da progressividade do IPTU antes da edição de uma emenda constitucional que autorizasse esse fim. Ao verificar essa possibilidade de modulação, trazida pela então inédita Lei nº 9.868/1999, a Fazenda Pública passou a pleitear a modulação em todos os processos em que se discutia essa mesma tese.

Como esse pleito foi de certa forma superficial e sem qualquer esclarecimento adicional quanto ao possível impacto negativo nas contas públicas, a Suprema Corte rechaçou a possibilidade de modulação em todos os processos em que houve esse pleito. Cabe destacar, ainda, o voto proferido pelo Ministro Joaquim Barbosa, que foi além ao não acolher o argumento financeiro:

> Pondero que, em matéria tributária, a aplicação de efeitos prospectivos à declaração incidental de inconstitucionalidade demanda um grau ainda mais elevado de parcimônia, porquanto é um truísmo afirmar que os valores arrecadados com a tributação se destinam ao emprego em finalidades públicas. Portanto, não basta ao sujeito ativo apontar a destinação de índole pública do produto arrecadado para justificar a modulação temporal dos efeitos de declaração de inconstitucionalidade, sob o risco de se inviabilizar qualquer pretensão de restituição de indébito tributário, em evidente prejuízo da guarda da constitucionalidade e da legalidade das normas que instituem as exações.

O que se percebe com essa primeira estratégia é que não bastaria para a Fazenda Pública simplesmente alegar o impacto negativo nas contas públicas.

De todo modo, o fato de o STF ter rejeitado a modulação nessa tese nos mostra, ainda que de uma forma sutil, como se comporta a Suprema Corte quando o argumento financeiro é apresentado no debate.

Ao perceber que essa forma de argumentação não seria suficiente, ou seja, de apenas pleitear, após o julgamento de mérito, a modulação em função do impacto negativo nas contas públicas, a Fazenda Pública passou a adotar uma nova estratégia.

A segunda estratégia adotada pode ser visualizada no julgamento ocorrido no Recurso Extraordinário nº 363.852, em que se discutia a incidência da contribuição previdenciária sobre a receita bruta da comercialização da produção rural.

No dia do julgamento de mérito, ocorrido em 3.2.2010, o Ministro Marco Aurélio, como relator desse processo, expôs a linha de argumentação da Fazenda Pública da seguinte forma:

> Presidente, no dia de hoje, veio ao Gabinete uma petição da União que – numa premonição, imaginou que este recurso seria realmente provido, como está sendo –, com tintas fortes, em termos de argumentação quanto ao arrecadado, ou ao que poderá deixar de ser, pleiteia – é o que submeto ao

Colegiado como Relator – modular-se o pronunciamento do Supremo. Que se dê, neste processo subjetivo, eficácia à Constituição Federal a partir deste julgamento, como se realmente não tivesse sido promulgada de forma rígida em 1988.

O que se extrai dessa segunda estratégia argumentativa é que foi adotada uma postura mais incisiva. Ao apresentar uma petição, direcionada diretamente ao Ministro Relator na data de julgamento do mérito do processo, a Fazenda Pública tentou obter ao menos uma sensibilização quanto à modulação dos efeitos de uma possível decisão desfavorável. Todavia, essa estratégia não surtiu o efeito pretendido.

Embora o momento processual tenha sido distinto nessa segunda linha de argumentação, o teor da argumentação adotado foi o mesmo: de que uma decisão desfavorável, sem qualquer limitação temporal, iria impactar negativamente nas contas públicas.

Vale ressaltar que não houve qualquer distinção material entre a primeira e a segunda estratégia adotada pelo Fisco, havendo apenas e tão somente uma distinção formal quanto ao momento de apresentação do argumento financeiro.

O Ministro Marco Aurélio, como Relator, preferiu rejeitar a modulação por um aspecto formal, mantendo o seu posicionamento de que deveria prevalecer a Carta Magna ao invés da lei declarada inconstitucional, nos seguintes moldes:

> Presidente, tenho me pronunciado, até mesmo em processos objetivos, quanto à necessidade de se adotar postura pedagógica, não se estimulando o descumprimento da Carta Magna. Tenho votado no sentido da eficácia da Lei Maior tal como se contém, independentemente da guarda – e se tem a guarda, não a possibilidade de mitigação – atribuída ao Supremo.
>
> (...)
>
> Não posso, a essa altura, dizer, invertendo valores – e a inversão de valores está no momento em voga –, que até aqui prevaleceria a lei inconstitucional e não a Carta Federal, e que esta somente passa a vigorar, com o sentido reconhecido pelo Supremo, a partir desta data. Por isso, adianto ponto de vista no sentido da inadequação da modulação pretendida.

Embora ele tenha trazido o argumento financeiro para análise da Corte, essa linha de argumentação não foi suficiente para que a modulação fosse acolhida. Por outro lado, outros Ministros se mostraram mais sensíveis quanto ao argumento financeiro, a exemplo da Ministra Carmen Lúcia, que assim se posicionou em seu voto:

> Primeiro, a Constituição, como lembrou o Ministro Marco Aurélio, aliás, de maneira muito firme tem repetido aqui que essa é uma Constituição rígida que, uma vez afrontada, tendo sido afrontada, e, a não ser em situações excepcionalíssimas, em que a execução do que nós decidimos gere mais problemas sociais, principalmente, não econômicos ou financeiros, mas sociais, que realmente poderiam ensejar uma prática dessa natureza em caráter excepcionalíssimo, nós temos de manter até o que é pedagógico para os órgãos do Estado. Não se pode afrontar a constituição, nem nós aqui, que nos submetemos à Constituição, nem o Congresso Nacional, nem o Poder Executivo. Errou, eu pago na minha vida pessoal e o Estado paga também quando ele erra. Então não se pode fazer realmente disso uma prática comum.

Diferentemente do Ministro Marco Aurélio, que sequer analisou o teor do argumento trazido, a Ministra Carmen Lúcia se posicionou de forma clara sobre como o STF deveria se posicionar diante do argumento financeiro.

No entender da referida Ministra, não bastava a apresentação de impactos econômicos e sociais. A fim de se configurar o "excepcional interesse social", seria necessário, também, um impacto social decorrente dessa decisão da Suprema Corte.

Se por um lado a Fazenda Pública adotou essa argumentação mais incisiva, por outro a resposta do STF foi ainda mais firme ao negar a modulação, já que os dados financeiros foram trazidos de uma forma súbita e inédita, nas palavras da Ministra Ellen Gracie:

> Agora, só um detalhe: é que a modulação tem sido suscitada em situações em que houve a oscilação da jurisprudência no âmbito do Supremo. Aqui, não. Pela primeira vez, estamos a nos pronunciar sobre a matéria.

O que se extrai desse julgamento é que a Suprema Corte passou a entender que a possibilidade de aplicação do efeito *ex nunc* decorria do conceito de "excepcional interesse social" e não mais da "segurança jurídica", que até então era o usual envolvendo os processos tributários.

Assim, se mostrou indispensável analisar o tema com uma maior cautela, já que a possibilidade de modulação, baseada no "excepcional interesse social", era embrionária sob a jurisprudência da Suprema Corte ainda em 2010, apesar de existir previsão legal autorizativa desde 1999.

Com essa decisão, em especial após o posicionamento da Ministra Carmen Lúcia, a Fazenda Pública percebeu que não poderia mais argumentar da forma que até então vinha fazendo nos processos tributários, sob pena de jamais obter uma modulação a seu favor quando o tema envolvesse um impacto negativo nas contas públicas.

Diante desse cenário é que surge a terceira estratégia argumentativa, explicitada nos autos do Recurso Extraordinário nº 559.937, em que se analisou a constitucionalidade da base de cálculo do PIS e da COFINS incidentes sobre a importação.

No julgamento ocorrido em 20.3.2013, a Suprema Corte negou provimento ao recurso extraordinário para reconhecer a inconstitucionalidade da expressão "acrescido do valor do Imposto sobre Operações Relativas à Circulação de Mercadorias e sobre Prestação de Serviços de Transporte Interestadual e Intermunicipal e de Comunicação - ICMS incidente no desembaraço aduaneiro e do valor das próprias contribuições".

Após o encerramento do julgamento de mérito, o Procurador da Fazenda Nacional pediu a palavra e se manifestou no seguinte sentido:

> Senhor Presidente, com o devido respeito e acatamento, a Fazenda Nacional pede à Corte a possibilidade de modulação dos efeitos deste julgamento, tendo em vista os valores que giram em torno de 34 bilhões de reais que atingirão os cofres da seguridade social. E a Fazenda fia-se no precedente desta egrégia Corte, no RE 560.626, da relatoria do eminente Ministro Gilmar Mendes, quando julgou a questão da prescrição e decadência dos créditos das contribuições previdenciárias, pedindo à Fazenda Nacional que a Corte estabeleça como marco dos efeitos da presente decisão ou as ações propostas até o julgamento deste presente feito. É o que pede a Fazenda com o devido respeito e acatamento.

Se as estratégias anteriores não surtiram efeito, essa terceira estratégia consistiu em uma apresentação oral da possibilidade de modulação, logo após o STF ter se pronunciado sobre o mérito da questão analisada.

Como se isso não bastasse, dessa vez ainda foi trazido um valor fixo para o impacto financeiro, ou seja, a perda de 34 bilhões de reais aos cofres públicos.

Todavia, nem mesmo essa estratégia alcançou o acolhimento da modulação. Após esse pleito na Tribuna, o Ministro Dias Toffoli, como Relator do processo, se posicionou da seguinte forma:

> Eu penso que esse tema – se for o caso – deve a Fazenda trazer em embargos de declaração, para que se faça uma avaliação com dados concretos. Não há elementos aqui para se fazer uma avaliação.

O se que extrai desse posicionamento é que mesmo com a indicação de um impacto significativo na Tribuna, o STF sentiu a necessidade de analisar dados concretos antes de se posicionar sobre o "excepcional interesse social".

No julgamento dos embargos de declaração desse mesmo processo, esse posicionamento ficou ainda mais evidente pelo posicionamento manifestado pelo Relator, Ministro Dias Toffoli:

> A pretendida modulação dos efeitos da declaração de inconstitucionalidade é, no entanto, medida extrema, que somente se justifica se estiver indicado e comprovado gravíssimo risco irreversível à ordem social. As razões recursais não contêm qualquer indicação concreta, nem específica, desse risco. A mera alegação de perda de arrecadação não é suficiente para comprovar a presença do excepcional interesse social a justificar a modulação dos efeitos da declaração de inconstitucionalidade na forma pretendida.

No entender dos Ministros da Suprema Corte, a mera alegação de perda de arrecadação não seria suficiente, por si só, para alcançar o "excepcional interesse social" e consequentemente a modulação dos efeitos das decisões judiciais.

Como a argumentação da Fazenda Pública estava muito fundamentada em perdas arrecadatórias, a Suprema Corte entendeu que ainda não havia o impacto social necessário para o acolhimento desse pleito.

Após tais tentativas sem sucesso, a estratégia de argumentação foi novamente alterada, dessa vez no julgamento do Recurso Extraordinário nº 595.838, em que se discutia a constitucionalidade da contribuição previdenciária instituída pelo artigo 22, inciso IV, da Lei nº 8.212/1991, com a redação dada pela Lei nº 9.876/99.

Nesta quarta estratégia de argumentação, a Fazenda Pública aguardou o resultado de mérito desfavorável, o que no referido caso ocorreu quando houve, por unanimidade, a declaração de inconstitucionalidade dessa contribuição previdenciária, em julgamento ocorrido em 23.4.2014.

Após tal julgamento, a modulação foi pleiteada via embargos de declaração. Assim, nessa linha de argumentação o pleito da modulação não era mais trazido quando o mérito estava sendo analisado, mas apenas e tão somente após o julgamento definitivo quanto ao mérito em análise.

Passou-se, então, a discutir apenas o instituto da modulação nos embargos de declaração, ocasião em que foram trazidos os seguintes comentários:

> Na hipótese de se negar o efeito prospectivo, permissa venia, se terá a ocorrência de um enorme prejuízo para o custeio da Seguridade Social, estimado em aproximadamente nos últimos 10 anos (2004 a 2013) em R$ 7,78 bilhões (atualizados para 2014).

Na oportunidade, ainda foi trazida, pela primeira vez, uma nota técnica elaborada pelo Fisco, na qual constava a conclusão sobre qual seria o impacto financeiro nas contas públicas.

Entretanto, essa nota técnica, denominada de Nota RFB/CETAD nº 149, não trouxe qualquer dado adicional que comprovasse a sua conclusão. Não foi demonstrada qualquer metodologia de pesquisa que levasse à confirmação de que o impacto alegado era verdadeiro.

Como era apenas uma nota sucinta e superficial, sem qualquer informação adicional, se mostra inviável a verificação de que aquele valor era exato, pois além de ser um cálculo elaborado de forma unilateral, existem formas distintas de se analisar uma perda arrecadatória, razão pela qual o presente trabalho entende que esse dado não poderia ser visto como confiável.

Como consequência dessa apresentação numérica sem qualquer esclarecimento adicional, a modulação foi mais uma vez denegada, ocasião em os Ministros do STF ainda teceram os seguintes comentários:

> A mera alegação de perda de arrecadação não é suficiente para comprovar a presença do excepcional interesse social a justificar a modulação dos efeitos da declaração de inconstitucionalidade na forma pretendida.
>
> Note-se que modular os efeitos, no caso dos autos, importaria em negar o próprio direito ao contribuinte de repetir o indébito de valores que eventualmente tenham sido recolhidos.

O que se extrai desses votos é que a argumentação da Fazenda Pública, mesmo via embargos de declaração e trazendo uma nota técnica, não surtiu o efeito pretendido, na medida em que a resposta da Suprema Corte foi ainda mais reativa no sentido de negar o efeito prospectivo.

Note-se que essa quarta e mais recente estratégia permanece sendo utilizada, sendo o Agravo em Recurso Extraordinário nº 957.650 o caso mais recente em que o STF analisou essa linha de argumentação.

Discutia-se, nesses autos, a constitucionalidade da Taxa de Serviços Administrativos (TSA), a ser paga em favor da SUFRAMA.

Até o julgamento de mérito ocorrido em 5.5.2016, em que se declarou a inconstitucionalidade do art. 1º da Lei 9.960/00, que instituiu a Taxa de Serviços Administrativos (TSA), por não definir de forma específica o fato gerador da exação, não havia o debate sobre a modulação. Mais uma vez, aguardou-se a resolução do mérito em sentido desfavorável às contas públicas.

Após o julgamento de mérito e mantendo a quarta e mais recente linha de argumentação, a Fazenda Pública novamente pleiteou a modulação via embargos de declaração.

Apesar de ter sido adotada a mesma estratégia processual, dessa vez o Fisco foi ainda mais incisivo em sua argumentação, ao afirmar que o não acolhimento do efeito prospectivo poderia "(...)causar significativo impacto financeiro, colocando em risco os serviços públicos prestados pela autarquia."

Na oportunidade, ainda foi trazida uma estimativa de impacto, referente ao período de 2008 a 2015, no valor de R$ 3,07 bilhões. Tal montante estava fundamentado na Nota Técnica nº 35/2014 – COGEC, a qual foi além e ainda se manifestou no sentido de que a TSA corresponderia a 96% da arrecadação total da autarquia.

Entretanto, mais uma fez essa informação foi trazida de forma superficial, sem qualquer informação de como o Fisco chegou a esse impacto financeiro.

Em julgamento ocorrido em 28.10.2016, a modulação não foi apenas rechaçada, como também foram criticados os cálculos realizados, em especial sobre o percentual de arrecadação que a TSA corresponderia na SUFRAMA:

> A maior parte dos recursos arrecadados por meio da Taxa de Serviços Administrativos, nos anos de 2008 a 2013, foram contingenciados pela União a fim de compor os superávits primários, para pagamento da dívida pública federal. O acórdão 608/2016 do TCU corrobora as informações apresentadas pela parte embargada na resposta aos presentes embargos de declaração, no sentido de que, entre 2009 e 2015, as despesas da Suframa corresponderam, em média, a apenas 45% (quarenta e cinco por cento) das receitas arrecadadas com a TSA.

O que se apreende desse posicionamento do STF é que os cálculos trazidos foram devidamente analisados, em especial para afastar o argumento financeiro de que a perda de arrecadação inviabilizaria a continuação das atividades da autarquia.

Portanto, percebe-se que, em que pese a linha de argumento da Fazenda Pública tenha se aprimorado e se tornado cada vez mais incisiva em relação ao impacto financeiro, a resposta da Suprema Corte tem sido na mesma intensidade, já que o simples apontamento de um número fictício por parte do Fisco, ainda que baseado em uma nota técnica, não tem sensibilizado os Ministros do STF a conferir efeito prospectivo em suas decisões.

Hoje, a linha de argumentação da Fazenda Pública tem se mantido nessa última estratégia e quarta estratégia, a exemplo do Recurso Extraordinário nº 574.706, em que se discutiu a possibilidade de inclusão do ICMS na base de cálculo do PIS e da COFINS, na medida em que a Fazenda Pública trouxe o pleito da modulação apenas após o julgamento de mérito, formalizada mais uma vez por meio de embargos de declaração.

A conclusão a que se chega com a presente análise é a de que o argumento financeiro, embora seja analisado e aceito pelo STF para fins de modulação, não tem sido acolhido quando a Fazenda Pública traz esse pleito de forma unilateral.

Por outro lado, a análise quanto ao argumento financeiro é muito mais aceita quando a questão da modulação é trazida de ofício pelos próprios Ministros da Suprema Corte, sem que sejam pressionados pelo Fisco.

A estratégia processual adotada pela Fazenda Pública apenas faz com que o argumento financeiro seja afastado para fins de modulação, independentemente do valor citado em seu pleito, já que, até hoje, não foram trazidos dados que confirmem os supostos valores que deixariam de ingressar aos cofres públicos.

Uma vez entendido que o argumento financeiro, quando trazido pelo Fisco, não foi relevante para fins de acolhimento da modulação, resta saber qual é o efetivo posicionamento da Suprema Corte antes de se propor melhorias a serem seguidas na análise do argumento financeiro.

# 3.
# Proposta de objetividade para futuras decisões do Supremo Tribunal Federal

Inicialmente, vale destacar que em que pese o mérito de alguns processos já tenha sido decidido pela Suprema Corte, ainda estão pendentes de julgamentos os embargos de declaração opostos exatamente com a finalidade de modulação. Assim, para a presente parte descritiva da jurisprudência do STF, tais processos não serão analisados como concluídos, mas serão citadas abaixo as três teses tributárias que ainda estão nesse estágio processual.

A primeira tese ainda pendente de definição decorre do Recurso Extraordinário nº 838.284, em que se discute se haveria violação ao princípio da legalidade o fato de a lei delegar a um ato infraconstitucional a fixação do valor da taxa. No julgamento ocorrido em 19.10.2016, foi entendido que não haveria a violação ao referido princípio e ainda houve a fixação da seguinte tese:

> Não viola a legalidade tributária a lei que, prescrevendo o teto, possibilita ao ato normativo infralegal fixar o valor de taxa em proporção razoável com os custos da atuação estatal, valor esse que não pode ser atualizado por ato do próprio conselho de fiscalização em percentual superior aos índices de correção monetária legalmente previstos.

A segunda tese que ainda está pendente de análise do pleito da modulação decorre do Recurso Extraordinário nº 574.706. No julgamento ocorrido em 15.3.2017, a Suprema corte decidiu pela exclusão do ICMS da base de cálculo do PIS e da COFINS, com a fixação da seguinte tese:

> O ICMS não compõe a base de cálculo para a incidência do PIS e da Cofins.

Como não havia, à época do julgamento, pedido de modulação nos autos, o Tribunal analisará a possibilidade de modulação quando forem julgados os embargos de declaração. Todavia, a Fazenda Pública, em sua sustentação oral, já se manifestou pela necessidade de modulação, em especial pelo suposto impacto negativo nas contas públicas de R$ 250 bilhões para o período pretérito e de R$ 20 bilhões ao ano, para o período futuro.

A terceira tese tributária que ainda está pendente de conclusão perante a Suprema Corte decorre dos Recursos Extraordinários nºs 601.720 e 434.251. No julgamento ocorrido em 19.4.2017, o STF entendeu pela incidência do IPTU na cessão de imóveis públicos para pessoas jurídicas de direito privado, com a fixação da seguinte tese:

> Incide o IPTU, considerado imóvel de pessoa jurídica de direito público cedido a pessoa jurídica de direito privado, devedora do tributo.

Apesar de o Ministro Roberto Barroso ter iniciado o debate sobre a modulação, no seu entender o acolhimento deveria ocorrer em função da mudança jurisprudencial e consequentemente da segurança jurídica.

Dito isso, percebe-se que a pesquisa realizada para o presente trabalho não envolveu apenas o julgamento de mérito dos processos analisados, como também o julgamento de eventuais embargos de declaração opostos, em algumas situações, visando os efeitos prospectivos das decisões judiciais.

Outro fato que também merece ser destacado na pesquisa é que a modulação dos efeitos das decisões nem sempre é suscitada pelas partes. Embora seja mais comum ter as partes pleiteando a modulação com a finalidade de atenuar uma situação que lhe é desfavorável, em alguns processos analisados foi a própria Suprema Corte trouxe a possibilidade de modulação.

Isso porque, ao se depararem com situações fáticas que poderiam resultar em impactos significativos para a sociedade, os Ministros do STF trouxeram essa possibilidade de concessão de efeitos prospectivos para as suas decisões, com a finalidade de proferir a melhor decisão possível para aquele tema.

Até porque nem sempre as partes sabem exatamente como será a decisão de mérito da Suprema Corte ou deixam de requerer a modulação para não aparentar que, mesmo indiretamente, já estariam aceitando um cenário desfavorável à sua tese.

## 3.1. Identificação das principais características da jurisprudência do Supremo Tribunal Federal relativa ao argumento financeiro

Se por um lado a "segurança jurídica" tem se tornado um conceito cada vez mais claro no âmbito da jurisprudência do STF, com uma previsibilidade cada vez maior sobre quando ocorrerá a modulação por esse fundamento, o mesmo não se pode dizer do "excepcional interesse social".

O impacto financeiro, no âmbito do STF, foi suscitado de diversas formas e com valores distintos, tornando mais difícil o trabalho de verificar uma uniformidade ou ponto em comum entre as decisões proferidas.

Assim, para uma melhor análise sobre o efetivo posicionamento do STF quando o impacto do argumento financeiro foi trazido ao debate, se mostrou necessário analisar todas as decisões tributárias em que a modulação foi suscitada desde o advento da Lei nº 9.868/1999.

Essa forma empírica de pesquisa se justifica em função do STF não ser tão claro quando o argumento financeiro foi provocado, algumas vezes até mesmo se confundindo, no entender do presente trabalho, com o conceito de segurança jurídica.

Um bom exemplo dessa falta de distinção entre os conceitos ocorreu no julgamento do Recurso Extraordinário nº 556.664, já descrito acima, em que o STF fundamentou a modulação pela segurança jurídica, mas foi o "excepcional interesse social", na prática, que possibilitou a modulação. Caso não houvesse qualquer modulação, os contribuintes poderiam ajuizar as ações de repetição de indébito no prazo de dez anos, que era o mesmo prazo que dispunha até então a Fazenda Pública.

Inclusive, como foi a "segurança jurídica" que acabou sendo utilizada para fins de modulação, o Ministro Marco Aurélio, na ocasião do julgamento, foi preciso ao afirmar que não haveria mudança de jurisprudência a ensejar a modulação dos efeitos da decisão.

Sobre esse julgamento envolvendo as contribuições previdenciárias, Tathiane Piscitelli se posicionou nesse mesmo sentido, ao assim dispor:

> Repercussão e insegurança jurídica em relação a quê? Além de não apresentar qualquer justificativa, propõe a modulação de efeitos de forma a evitar a repetição de indébito por parte dos contribuintes que recolheram tributos de acordo com os prazos reconhecidos como inconstitucionais, a não ser que possuam ações ajuizadas antes da conclusão do julgamento (i.e. 11.6.2009)
>
> (...)
>
> Uma decisão como essa somente se justifica diante de uma outra razão: a necessidade de garantir que não haja uma avalanche de ações da qual resulte grave prejuízo à Previdência Pública – já que os prazos declarados inconstitucionais referiam-se à constituição e cobrança de contribuições previdenciárias.[42]

Portanto, como a própria Suprema Corte, no entender do presente trabalho, já se equivocou quanto ao fundamento da modulação, foi necessário aprofundar a análise sobre todos os processos tributários em que foi ventilada a possibilidade de modulação.

Com essa pesquisa empírica, foi possível averiguar de forma segura e concreta quando e como o argumento financeiro foi trazido para o debate, a fim de se constatar se ele foi suficiente para que ocorresse a modulação.

Cabe destacar que não é objeto do presente estudo a análise se o argumento financeiro seria ou não suficiente para fins de modulação. Até porque a jurisprudência do STF já mostrou que ele é. O que se pretende, então, é analisar de forma detalhada esses casos em que ocorreu a modulação com fundamento no argumento financeiro e entender qual foi o ponto em comum entre esses casos, com a finalidade de se propor uma solução objetiva para essa questão nos julgamentos futuros.

Dito isso, cabe trazer alguns dados empíricos sobre a pesquisa realizada. Dos cento e quarenta e quatro processos tributários em que a modulação foi ventilada, em apenas quinze processos a modulação foi acolhida, o que mostra um percentual de dez por cento de todas as decisões analisadas.

[42] PISCITELLI, Tathiane dos Santos. *Argumentando pelas Consequências no Direito Tributário*, Editora Noeses, São Paulo, 2012, pág. 253/254.

Todavia, essas quinze decisões englobam tanto a "segurança jurídica" como o "excepcional interesse social", sendo necessário compreender em quantos processos que o impacto financeiro foi crucial para o debate, ainda que indiretamente. Segue abaixo um gráfico demonstrativo dessa análise empírica:

| Dados empíricos sobre a pesquisa jurisprudencial | |
|---|---|
| **Número de decisões analisadas** | 144 |
| **Em quantos processos a modulação foi acolhida?** | 15 |
| **Percentual de decisões em que a modulação foi acolhida** | 10% |

Mantendo-se apenas os casos em que o impacto financeiro foi provocado para fins de modulação, foram encontrados sete processos tributários. Como em alguns desses processos a tese discutida foi idêntica e o julgamento ocorreu em conjunto, essas sete decisões que acolheram a modulação, no entender do presente trabalho, devem ser divididas em dois blocos principais.

| Processos em que a modulação foi acolhida | Fundamento utilizado para fins da modulação, ainda que indiretamente |
|---|---|
| **1. Recurso Extraordinário nº 401.953** | Excepcional interesse social. |
| **2. Recurso Extraordinário nº 556.664** | Excepcional interesse social, embora conste no acórdão a segurança jurídica. |
| **3. Recurso Extraordinário nº 559.943** | Excepcional interesse social, embora conste no acórdão a segurança jurídica. |
| **4. Recurso Extraordinário nº 560.626** | Excepcional interesse social, embora conste no acórdão a segurança jurídica. |
| **5. Recurso Extraordinário nº 500.171** | Segurança jurídica. |
| **6. Ação Direta de Inconstitucionalidade nº 875** | Excepcional interesse social. |
| **7. Ação Direta de Inconstitucionalidade nº 429** | Segurança jurídica. |

| | |
|---|---|
| **8. Ação Direta de Inconstitucionalidade nº 4.628** | Segurança jurídica. |
| **9. Recurso Extraordinário nº 680.089** | Segurança jurídica. |
| **10. Ação Direta de Inconstitucionalidade nº 4.481** | Excepcional interesse social, embora o aspecto processual tenha sido predominante. |
| **11. Ação Direta de Inconstitucionalidade nº 4.425** | Segurança jurídica. |
| **12. Ação Direta de Inconstitucionalidade nº 4.171** | Segurança jurídica. |
| **13. Arguição de Descumprimento de Preceito Fundamental nº 190** | Segurança jurídica. |
| **14. Recurso Extraordinário nº 593.849** | Segurança jurídica. |
| **15. Ação Direta de Inconstitucionalidade nº 3.796** | Excepcional interesse social, embora o aspecto processual tenha sido predominante. |

O primeiro deles está relacionado, além do argumento financeiro, a um aspecto processual. Nesse grupo estão as Ações Diretas de Inconstitucionalidade nºs 3.796 e 4.481, em que se discutia os benefícios fiscais de ICMS instituídos sem convênio prévio do CONFAZ.

Embora o impacto nas contas públicas tenha sido provocado no debate, em especial pelo Ministro Roberto Barroso, ele não foi determinante para fins do efeito prospectivo instaurado. O que foi crucial, em ambos os casos, foi o fato de não ter sido analisada a constitucionalidade da norma impugnada de forma cautelar.

Assim, percebe-se que o aspecto formal ou processual se sobrepôs ao aspecto material, o faz com que a modulação, nesse bloco de decisões, tenha como característica principal a inexistência de análise cautelar de um tema que já era pacífico pela própria jurisprudência do STF.

Portanto, em que pese o impacto financeiro tenha sido ventilado, não foi efetuado qualquer avanço na definição do conceito de "excepcional interesse social", em função desse aspecto processual.

O segundo bloco de decisões, por sua vez, tratou do impacto financeiro das decisões. As cinco decisões incluídas nesse grupo foram aquelas que, direta ou indiretamente, trataram do impacto nas contas públicas, sem que houvesse outro fator predominante para fins de modulação.

Nesses casos, em uma maior ou menor proporção, foi efetivamente o impacto financeiro que resultou na modulação. Como alguns desses processos tratam de mesma tese e foram julgados em conjunto, tem-se três teses tributárias que foram analisadas e debatidas antes da modulação.

Tendo em vista que esse grupo de decisões é crucial para a conclusão do presente trabalho, cabe apresentar na tabela abaixo os três temas que foram discutidos nesses processos:

| Número do Processo | Tema em Debate |
|---|---|
| **Recurso Extraordinário nº 401.953** | Repartição de Receitas do ICMS |
| **Recurso Extraordinário nº 556.664** | Prescrição e Decadência |
| **Recurso Extraordinário nº 559.943** | Prescrição e Decadência |
| **Recurso Extraordinário nº 560.626** | Prescrição e Decadência |
| **Ação Direta de Inconstitucionalidade nº 875** | Fundo de participação dos estados |

A primeira conclusão a que se pode chegar, após a análise de todas essas decisões, é a de que o impacto financeiro é utilizado para fins de modulação, em que pese ele nem sempre seja usado de forma direta ou clara.

É necessário, portanto, compreender esses temas em que houve a modulação e verificar se é possível evoluir no conceito de "excepcional interesse social", assim como a jurisprudência da Suprema Corte tem evoluído no conceito de "segurança jurídica" para fins de modulação.

Com tais respostas, será possível propor uma solução objetiva para quando o impacto financeiro for trazido para o debate em julgamentos futuros.

No primeiro tema em que foi acolhida a modulação envolvendo o impacto financeiro, a análise do valor das cotas de participação dos municípios no ICMS foi decisiva para que a decisão judicial tivesse efeito prospectivo, nos seguintes termos:

FINANCEIRO. IMPOSTO SOBRE CIRCULAÇÃO DE MERCADORIAS - ICMS. PARTILHA E REPASSE DO PRODUTO ARRECADADO. ART. 158, IV, PAR. ÚN., II, DA CONSTITUIÇÃO FEDERAL DE 1988. LEGISLAÇÃO ESTADUAL. EXCLUSÃO COMPLETA DE MUNICÍPIO. INCONSTUTICIONALIDADE. 1. Com base no disposto no art. 3º, III, da Constituição, lei estadual disciplinadora do plano de alocação do produto gerado com a arrecadação do ICMS, nos termos do art. 157, IV, par. ún., II, da Constituição, pode tomar dados pertinentes à situação social e econômica regional como critério de cálculo. 2. Contudo, não pode a legislação estadual, sob o pretexto de resolver as desigualdades sociais e regionais, alijar por completo um Município da participação em tais recursos. Não obstante a existência, no próprio texto legal, de critérios objetivos para o cálculo da cota para repasse do produto arrecadado com a cobrança do imposto, a Lei 2.664/1996 atribui ao Município do Rio de Janeiro valores nulos. 3. São inconstitucionais as disposições que excluem por completo e abruptamente o Município do Rio de Janeiro da partilha do produto arrecadado com o ICMS, constantes nos Anexos I e III da Lei do Estado do Rio de Janeiro 2.664/1996, por violação do art. 158, IV, par. ún., I e II, ponderados em relação ao art. 3º, todos da Constituição. RECURSO EXTRAORDINÁRIO. ALCANCE DA DECISÃO. 4. Recurso extraordinário conhecido e provido, para que o Estado do Rio de Janeiro recalcule os coeficientes de participação dos municípios no produto da arrecadação do ICMS (parcela de ¼ de 25%, art. 158, IV, par. ún., II, da Constituição), atribuindo ao Município do Rio de Janeiro a cota que lhe é devida nos termos dos critérios já definidos pela Lei 2.664/1996 e desde o início da vigência de referida lei. 5. Uma vez que o recálculo do quadro de partilha poderá implicar diminuição da cota de participação dos demais municípios do Estado do Rio de Janeiro, com eventual compensação dos valores recebidos com os valores relativos aos exercícios futuros, a execução do julgado não poderá comprometer o sustentáculo financeiro razoável e proporcional dos municípios. 6. Logo, a lei que irá normatizar o recálculo e a transferência ao recorrente dos créditos pertinentes aos períodos passados deverá prever, ainda, compensação e parcelamento em condições tais que não impliquem aniquilamento das parcelas futuras devidas aos demais municípios.

O entendimento adotado pelos Ministros da Suprema Corte foi de que as cotas de participação dos municípios no ICMS, no período de dez anos, resultaria em um valor suficiente para fins de configuração de um "excepcional interesse social", na medida em que uma declaração de inconstitucionalidade *ex tunc* poderia impactar nos serviços públicos[43] de diversos municípios, que dependiam daquele repasse. Nas palavras do Ministro Gilmar Mendes:

> Agora, se determinarmos, de forma direta ou de indireta, que o Estado do Rio faça a compensação em relação aos benefícios distribuídos nesses dez anos, teremos, talvez, a falência de serviços públicos nessas comunidades, e, portanto, uma sanção não para as autoridades, mas para as populações que dependem desses serviços públicos.

Portanto, o primeiro parâmetro objetivo fixado pelo STF para fins de acolhimento do argumento financeiro decorre das cotas de participação dos municípios no ICMS, no período de dez anos.

O segundo tema em que o efeito prospectivo foi acolhido em função do impacto negativo nas contas públicas decorre do julgamento dos Recursos Extraordinários nºs 556.664, 559.943 e 560.626, em que se discutia a prescrição e decadência das contribuições previdenciárias.

Neste julgamento, o STF definiu, ainda que sem ter utilizado a fundamentação adequada, que cinco anos de recolhimento das contribuições previdenciárias seria suficiente para se conferir efeito *ex nunc* a uma decisão judicial.

A esse respeito, a não devolução dos valores já recolhidos aos cofres públicos foi um elemento determinante para o acolhimento da modulação, como expôs o Ministro Gilmar Mendes em seu voto:

> No entanto, os valores já recolhidos nestas condições, seja administrativamente, seja por execução fiscal, não devem ser devolvidos ao contribuinte, salvo se ajuizada a ação antes da conclusão do presente julgamento.
>
> (...)
>
> Portanto, reitero o voto pelo desprovimento do recurso extraordinário, declarando a inconstitucionalidade do parágrafo único do art. 5º do Decreto-lei nº 1.569 e dos arts. 45 e 46 da Lei nº 8.212, porém, com a modu-

[43] Em sua obra, Luiz Emygdio traz as principais características envolvendo a despesa pública, desde o seu conceito até o seu limite. Júnior, Luiz Emygdio F. da Rosa. *Manual de Direito Financeiro & Direito Tributário.* 19ª ed., Rio de Janeiro, 2006, Capítulo II.

lação dos efeitos, ex nunc, apenas em relação às eventuais repetições de indébito ajuizadas após a presente data, a data do julgamento.

Conclui-se que, para a Suprema Corte, essa declaração de inconstitucionalidade com efeitos prospectivos veio para diminuir eventuais impactos aos cofres públicos, que não deveriam ser afetados pela devolução de valores recolhidos há dez anos. A conclusão desse julgamento, por sua vez, foi assim ementada:

> PRESCRIÇÃO E DECADÊNCIA TRIBUTÁRIAS. MATÉRIAS RESERVADAS A LEI COMPLEMENTAR. DISCIPLINA NO CÓDIGO TRIBUTÁRIO NACIONAL. NATUREZA TRIBUTÁRIA DAS CONTRIBUIÇÕES PARA A SEGURIDADE SOCIAL. INCONSTITUCIONALIDADE DOS ARTS. 45 E 46 DA LEI 8.212/91 E DO PARÁGRAFO ÚNICO DO ART. 5º DO DECRETO-LEI 1.569/77. RECURSO EXTRAORDINÁRIO NÃO PROVIDO. MODULAÇÃO DOS EFEITOS DA DECLARAÇÃO DE INCONSTITUCIONALIDADE. I. PRESCRIÇÃO E DECADÊNCIA TRIBUTÁRIAS. RESERVA DE LEI COMPLEMENTAR. As normas relativas à prescrição e à decadência tributárias têm natureza de normas gerais de direito tributário, cuja disciplina é reservada a lei complementar, tanto sob a Constituição pretérita (art. 18, § 1º, da CF de 1967/69) quanto sob a Constituição atual (art. 146, b, III, da CF de 1988). Interpretação que preserva a força normativa da Constituição, que prevê disciplina homogênea, em âmbito nacional, da prescrição, decadência, obrigação e crédito tributários. Permitir regulação distinta sobre esses temas, pelos diversos entes da federação, implicaria prejuízo à vedação de tratamento desigual entre contribuintes em situação equivalente e à segurança jurídica. II. DISCIPLINA PREVISTA NO CÓDIGO TRIBUTÁRIO NACIONAL. O Código Tributário Nacional (Lei 5.172/1966), promulgado como lei ordinária e recebido como lei complementar pelas Constituições de 1967/69 e 1988, disciplina a prescrição e a decadência tributárias. III. NATUREZA TRIBUTÁRIA DAS CONTRIBUIÇÕES. As contribuições, inclusive as previdenciárias, têm natureza tributária e se submetem ao regime jurídico-tributário previsto na Constituição. Interpretação do art. 149 da CF de 1988. Precedentes. IV. RECURSO EXTRAORDINÁRIO NÃO PROVIDO. Inconstitucionalidade dos arts. 45 e 46 da Lei 8.212/91, por violação do art. 146, III, b, da Constituição de 1988, e do parágrafo único do art. 5º do Decreto-lei 1.569/77, em

face do § 1º do art. 18 da Constituição de 1967/69. V. MODULAÇÃO DOS EFEITOS DA DECISÃO. SEGURANÇA JURÍDICA. São legítimos os recolhimentos efetuados nos prazos previstos nos arts. 45 e 46 da Lei 8.212/91 e não impugnados antes da data de conclusão deste julgamento.

Por último, o terceiro tema em análise que resultou no efeito prospectivo de uma decisão judicial envolve o Fundo de participação dos estados. Nos autos da Ação Direta de Inconstitucionalidade nº 875, foi reconhecida a inconstitucionalidade dos dispositivos questionados na Lei Complementar nº 62/1989, que tratavam dos critérios para o repasse de valores aos Estados.

Quando da ocasião do julgamento, novamente o Ministro Gilmar Mendes trouxe para o debate o impacto prático dessa decisão:

> Por fim, é preciso reconhecer que, apesar de a Lei Complementar nº 62, de 28 de dezembro de 1989, não satisfazer integralmente à exigência contida na parte final do art. 161, II, da Constituição, sua imediata supressão da ordem jurídica representaria incomensurável prejuízo ao interesse público e à economia dos Estados, uma vez que o vácuo legislativo poderia inviabilizar, por completo, as transferências de recursos.

Dessa forma, o fato de os critérios de repartição terem vigorado durante vinte anos, ou seja, desde a sua edição até 24.2.2010, quando ocorreu o julgamento de mérito, levou a Suprema Corte a entender que a modulação seria necessária, já que muitos Estados dependiam daquele repasse e uma reavaliação dos critérios utilizados poderia inviabilizar a sustentabilidade das contas públicas.

Como conclusão desse julgamento, mais um critério foi fixado para fins de configuração do "excepcional interesse social": o do repasse do fundo de participação dos estados, no período de vinte anos.

A ementa desse julgamento foi assim elaborada pela Suprema Corte:

> Ações Diretas de Inconstitucionalidade (ADI nº 875/DF, ADI nº 1.987/DF, ADI nº 2.727/DF e ADI nº 3.243/DF). Fungibilidade entre as ações diretas de inconstitucionalidade por ação e por omissão. Fundo de participação dos estados – FPE (art. 161, inciso II, da Constituição). Lei Complementar nº 62/1989. Omissão inconstitucional de caráter parcial. Descumprimento do mandamento constitucional constante do art. 161, II,

da Constituição, segundo o qual lei complementar deve estabelecer os critérios de rateio do Fundo de participação dos estados, com a finalidade de promover o equilíbrio socioeconômico entre os entes federativos. Ações julgadas procedentes para declarar a inconstitucionalidade, sem a pronúncia da nulidade, do art. 2º, incisos I e II, §§ 1º, 2º e 3º, e do Anexo Único, da Lei Complementar n.º 62/1989, assegurada a sua aplicação até 31 de dezembro de 2012.

Como conclusão dessa análise, percebe-se a importância que o Ministro Gilmar Mendes possui na análise do argumento financeiro para fins de modulação, tendo sido o seu voto aquele que foi acompanhado pelos demais Ministros da Suprema Corte nesses julgamentos.

Os critérios fixados, por sua vez, podem ser assim descritos de forma sucinta:

| Critérios para fins de configuração do excepcional interesse social | |
|---|---|
| Recurso Extraordinário nº 401.953 | Cotas de participação dos Municípios no ICMS, no período de dez anos. |
| Recurso Extraordinário nº 556.664 | Cinco anos de contribuições previdenciárias |
| Recurso Extraordinário nº 559.943 | Cinco anos de contribuições previdenciárias |
| Recurso Extraordinário nº 560.626 | Cinco anos de contribuições previdenciárias |
| Ação Direta de Inconstitucionalidade nº 875 | Fundo de participação dos estados, no período de vinte anos |

Com o término da pesquisa efetuada, foi possível averiguar que a Suprema Corte já havia se pronunciado, para cada ente federativo, sobre os critérios que seriam suficientes para fins de configuração do "excepcional interesse social" e consequente acolhimento da modulação.

Uma vez percebido o posicionamento do STF sobre o tema, serão propostas melhorias ao panorama atual, com a criação de novos critérios cumulativos para configuração do "excepcional interesse social".

## 3.2. Proposta de objetividade e parametrização para que a modulação dos efeitos seja acolhida nos futuros julgamentos do STF

Para que a modulação seja acolhida quando for trazido um argumento financeiro, o presente trabalho entende que esse impacto nas contas públicas deve ser previsível, expressivo e social, sendo esses os três requisitos que serão abordados na proposta ora apresentada.

O primeiro requisito a ser preenchido se refere à previsibilidade do impacto nas contas públicas. Nesse aspecto, a pergunta ser respondida é a seguinte: como prever o possível impacto financeiro de processos que ainda não foram julgados pela Suprema Corte? A resposta para essa pergunta está na elaboração do orçamento de cada ente federativo.

O orçamento público possui três grandes etapas, fundamentadas em três leis sucessivas. Desde a estimativa de receita até o gasto público propriamente dito, essas etapas devem ser seguidas, razão pela qual é necessária a compreensão de todas essas etapas antes de se abordar o critério da previsibilidade.

A primeira etapa para elaboração de um orçamento público decorre da elaboração de um Plano Plurianual (PPA), o qual conterá as metas da Administração Pública a serem seguidas em um longo período de tempo. Confira-se a esse respeito, o que dispõe a Constituição Federal de 1988:

> Art. 165. Leis de iniciativa do Poder Executivo estabelecerão:
> I – o plano plurianual;
> (...)
> § 1º A lei que instituir o plano plurianual estabelecerá, de forma regionalizada, as diretrizes, objetivos e metas da administração pública federal para as despesas de capital e outras delas decorrentes e para as relativas aos programas de duração continuada.

Dessa forma, espera-se que sejam dispostas nesse plano metas a serem cumpridas em um longo prazo, independentemente do governo que esteja exercendo o poder político, sendo metas de Estado, e não de governo.

No atual momento, o Plano Plurianual Federal é regido pela Lei nº 13.249/2016, na qual estão contidas as seguintes diretrizes a serem seguidas nesse período:

> Art. 4º Para o período 2016-2019, o PPA terá como diretrizes:
>
> I – O desenvolvimento sustentável orientado pela inclusão social;
>
> II – A melhoria contínua da qualidade dos serviços públicos;
>
> III – A garantia dos direitos humanos com redução das desigualdades sociais, regionais, étnico-raciais, geracionais e de gênero;
>
> IV – O estímulo e a valorização da educação, ciência, tecnologia e inovação e competitividade;
>
> V – A participação social como direito do cidadão;
>
> VI – A valorização e o respeito à diversidade cultural;
>
> VII – O aperfeiçoamento da gestão pública com foco no cidadão, na eficiência do gasto público, na transparência, e no enfrentamento à corrupção; e
>
> VIII – A garantia do equilíbrio das contas públicas.

Por se tratar de um mandamento genérico, a edição do plano plurianual, por si só, não é suficiente para que o orçamento possa ser executado, já que não há uma indicação mais concreta quanto aos valores a serem gastos.

Por essa razão surge a denominada Lei de Diretrizes Orçamentárias (LDO), a qual é assim definida pela Carta Magna:

> Art. 165. Leis de iniciativa do Poder Executivo estabelecerão:
>
> I – o plano plurianual;
>
> II – as diretrizes orçamentárias;
>
> (...)
>
> § 2º A lei de diretrizes orçamentárias compreenderá as metas e prioridades da administração pública federal, incluindo as despesas de capital para o exercício financeiro subseqüente, orientará a elaboração da lei orçamentária anual, disporá sobre as alterações na legislação tributária e estabelecerá a política de aplicação das agências financeiras oficiais de fomento.

Se o Plano Plurianual traz diretrizes genéricas, a Lei de Diretrizes Orçamentárias traz as balizas para que o orçamento possa ser executado. Por exemplo, caso haja uma estimativa de impacto negativo nas contas públicas, será a LDO que apontará.

A finalidade da LDO é exatamente essa: a de estabelecer as balizas, de forma mais concreta, para que o orçamento possa ser executado, evitando-se assim que o orçamento seja calculado em desconformidade com a realidade fiscal daquele ente federativo.

Sua edição é efetuada um ano antes do exercício a que se refere exatamente para que o ente federativo possa se preparar para a execução do orçamento, que deverá corresponder aos limites dispostos nessa lei. No momento, a LDO é regida no âmbito federal pela Lei nº 13.707, de 14 de agosto de 2018.

Por último, encontra-se a Lei Orçamentária Anual, que efetivamente aprovará o orçamento a ser gasto naquele ano, com a especificidade necessária para que a Administração Pública possa gastar a sua receita.

Segundo a Constituição Federal, a LOA pode ser assim conceituada:

> Art. 165. Leis de iniciativa do Poder Executivo estabelecerão:
>
> I – o plano plurianual;
>
> II – as diretrizes orçamentárias;
>
> III – os orçamentos anuais.
>
> (...)
>
> § 5º A lei orçamentária anual compreenderá:
>
> I – o orçamento fiscal referente aos Poderes da União, seus fundos, órgãos e entidades da administração direta e indireta, inclusive fundações instituídas e mantidas pelo Poder Público;
>
> II – o orçamento de investimento das empresas em que a União, direta ou indiretamente, detenha a maioria do capital social com direito a voto;
>
> III – o orçamento da seguridade social, abrangendo todas as entidades e órgãos a ela vinculados, da administração direta ou indireta, bem como os fundos e fundações instituídos e mantidos pelo Poder Público.
>
> § 6º O projeto de lei orçamentária será acompanhado de demonstrativo regionalizado do efeito, sobre as receitas e despesas, decorrente de isenções, anistias, remissões, subsídios e benefícios de natureza financeira, tributária e creditícia.

O que se percebe com essa conceituação é que a LOA é de fato aquela lei que autorizará o Poder Público a gastar, devendo trazer, inclusive, um demonstrativo "decorrente de isenções, anistias, remissões, subsídios e benefícios de natureza financeira, tributária e creditícia".

Passadas essas três etapas legislativas, poderá o ente federativo executar o seu orçamento. Na esfera federal, o orçamento é hoje regido pela Lei nº 13.808/2019, que "estima a receita e fixa a despesa da União para o exercício financeiro de 2019." Apenas a título exemplificativo, cabe aqui destacar a estimativa de receita para o exercício de 2019:

> Art. 1º Esta Lei estima a receita da União para o exercício financeiro de 2019 no montante de R$ 3.382.224.021.819,00 (três trilhões, trezentos e oitenta e dois bilhões, duzentos e vinte e quatro milhões, vinte e um mil, oitocentos e dezenove reais) e fixa a despesa em igual valor, compreendendo, nos termos do art. 165, § 5º, da Constituição:
>
> I – o Orçamento Fiscal referente aos Poderes da União, seus fundos, órgãos e entidades da Administração Pública Federal direta e indireta, inclusive fundações instituídas e mantidas pelo Poder Público;
>
> II – o Orçamento da Seguridade Social, abrangendo todas as entidades e órgãos a ela vinculados, da Administração Pública Federal direta e indireta, bem como os fundos e fundações instituídos e mantidos pelo Poder Público; e
>
> III – o Orçamento de Investimento das empresas em que a União, direta ou indiretamente, detém a maioria do capital social com direito a voto.

De forma resumida, as etapas para a elaboração do orçamento podem ser assim descritas:

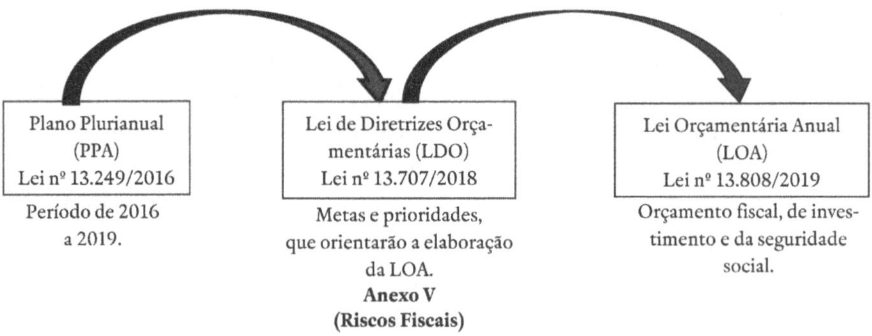


Demonstradas todas essas etapas a que o orçamento deve se submeter, resta saber qual a sua conexão com a previsibilidade do impacto financeiro. A resposta para essa indagação está na Lei de Diretrizes Orçamentárias, mais especificamente em seu anexo V, também denominado de "Anexo de Riscos Fiscais". Ocorre que esse anexo nem sempre esteve previsto nas respectivas LDOs.

Visando conferir maior transparência às contas públicas, em 4.5.2000 foi editada a Lei Complementar nº 101, também conhecida como "Lei de

Responsabilidade Fiscal". Entre diversas mudanças instauradas, a que interessa ao presente trabalho é a criação do Anexo de Riscos Fiscais, nos seguintes moldes:

> Art. 4º A lei de diretrizes orçamentárias atenderá o disposto no § 2º do art. 165 da Constituição e:
>
> (...)
>
> §3º A lei de diretrizes orçamentárias conterá Anexo de Riscos Fiscais, onde serão avaliados os passivos contingentes e outros riscos capazes de afetar as contas públicas, informando as providências a serem tomadas, caso se concretizem.

Segundo a referida lei, a LDO passaria a ter, além de todas as exigências previstas, um anexo específico para tratar dos passivos contingentes e outros riscos capazes de afetar as contas públicas. Dessa forma, foram incluídos os eventuais julgamentos em sentido desfavorável aos cofres públicos.

Com a finalidade de se conferir uma previsibilidade ainda maior aos processos que deveriam ser incluídos nesse anexo, em 2015 foi editada a Portaria AGU nº 40/2015[44], a qual dispôs expressamente que deveriam ser incluídas as "ações judiciais cujo impacto seja igual ou superior a um bilhão de reais."

Além disso, ainda foram delimitadas algumas hipóteses específicas para que fossem conferidos graus de risco distintos para cada tema tributário pendente de julgamento da Suprema Corte, a depender da sua situação processual, exatamente para se verificar a necessidade de provisão ou não daquele montante em debate.

Em outras palavras, independentemente do grau de risco a que aquele tema estará sujeito, uma vez a estimativa de impacto sendo igual ou superior a um bilhão de reais, no entender do presente trabalho esse tema já deveria constar no Anexo de Riscos Fiscais, ainda que fosse para ser classificado como "perda remota".

[44] A íntegra da Portaria pode ser acessada em: <file:///C:/Users/gvill/Downloads/release_do_dou_de_1102%20(3).pdf>

Quanto aos temas e valores envolvidos, cabe aqui apenas esclarecer, no entender do presente estudo, o equívoco em que se encontra o Anexo de Riscos Fiscais. O primeiro deles diz respeito à ausência de atualização do possível impacto financeiro.

Se a LDO é anual e devem ali constar todos os possíveis impactos fiscais envolvendo temas tributários a serem julgados pelo STF, deveriam esses valores serem atualizados a cada ano, até mesmo para se preencher o critério da previsibilidade do impacto financeiro para eventual análise sobre a modulação. Ocorre que, na prática, essa atualização não ocorre. Apenas a título exemplificativo, cabe trazer a estimativa de impacto indicada nos últimos Anexos de Riscos Fiscais, envolvendo o tema de exclusão do ICMS da base de cálculo do PIS e da COFINS:

| Ano da LDO | Estimativa de Impacto |
|---|---|
| 2020 (Projeto de Lei nº 5/2019-CN) | Cálculo para 01 ano: R$ 45,8 bilhões; cálculo para 05 anos: R$ 229 bilhões. |
| 2019 | Estimativa de Impacto: conforme dados da Receita Federal do Brasil, impacto estimado de R$89,44 bilhões, no período de 2003 a 2008. Este valor foi atualizado pela Nota Cetad/Coest nº 146, de 7 de outubro de 2014, utilizando a SELIC como indexador e chegou-se ao seguinte valor: 2003 a 2008: R$ 133,6bilhões, totalizando um valor de devolução aos contribuintes em caso de derrota da União de R$ 250,3 bilhões e uma perda de arrecadação projetada para 2015 de R$ 27,12 bilhões. Para o ano de 2016 foi fornecido um novo cálculo pela Receita Federal do Brasil, em 02.06.2016, no valor de R$ 19,7 bilhões e para o período de 2012 a 2016 um valor de R$ 101,7 bilhões." |

| | |
|---|---|
| 2018 | Estimativa de Impacto: conforme dados da Receita Federal do Brasil, impacto estimado de R$ 89,44 bilhões, no período de 2003 a 2008. Este valor foi atualizado pela Nota Cetad/Coest nº 146, de 7 de outubro de 2014, utilizando a SELIC como indexador e chegou-se ao seguinte valor: 2003 a 2008: R$ 133.620,37 milhões, ao qual adicionou-se o período de 2009 a 2014, no valor de R$ 116.673,68 milhões, totalizando um valor de devolução aos contribuintes em caso de derrota da União de R$ 250.294,05 milhões e uma perda de arrecadação projetada para 2015 de R$ 27,12 bilhões. Para o ano de 2016 foi fornecido um novo cálculo pela Receita Federal do Brasil, em 02.06.2016, no valor de R$ 19.787 milhões e para o período de 2002 a 2016 um valor de R$ 101.721 milhões (Cálculos referente a 2016 e ao período de 2012 a 2016, que não constavam da Nota PGFN/CASTF/CASTJ Nº 01/2016.) |
| 2017 | Tema: PIS e COFINS. Base de cálculo, inclusão do ICMS.<br>Partes interessadas: União.<br>Objeto: questiona-se a inclusão da parcela relativa ao ICMS na base de cálculo da contribuição para o PIS e da COFINS (sistemática da tributação por dentro).<br>Instância atual: Superior Tribunal Federal.<br>Estimativa de Impacto: R$ 250,3 bilhões. |
| 2016 | Tema: PIS e COFINS. Base de cálculo, inclusão do ICMS.<br>Partes interessadas: União.<br>Objeto: questiona-se a inclusão da parcela relativa ao ICMS na base de cálculo da contribuição para o PIS e da COFINS (sistemática da tributação por dentro). Instância atual: Superior Tribunal Federal.<br>Estimativa de Impacto: R$ 250,3 bilhões. |
| 2015 | Tema: PIS e COFINS. Base de cálculo, inclusão do ICMS.<br>Objeto: questiona-se a inclusão da parcela relativa ao ICMS na base de cálculo da contribuição para o PIS e da COFINS (sistemática da tributação por dentro).<br>Fase: Questão a ser definida na ADC 18, cujo julgamento ainda não iniciou, muito embora o STF tenha reconhecido a repercussão geral no RE nº 574.706 (pendente de julgamento).<br>Estimativa de Impacto: conforme dados da Recita Federal do Brasil, impacto estimado de R$ 89,44 bilhões, no período de 2003 a 2008. |

Após a análise desses anos, é possível constatar que não há, na LDO, uma atualização anual sobre a estimativa de impacto, sendo majorado, apenas em um ano, de R$ 89,44 bilhões para R$ 250 bilhões, o que confronta com aquilo que a Lei de Responsabilidade Fiscal quis abolir: a ausência de transparência das contas públicas.

Ademais, não basta que o tema em debate possua valores atualizados a cada ano. Para uma completa previsibilidade, o grau de risco daquela tese também deve ser condizente com seu respectivo momento processual. Novamente, percebe-se que isso não foi realizado, por exemplo, no tema da exclusão do ICMS da base de cálculo do PIS e da COFINS.

Segundo a LDO de 2019, hoje vigente, o grau de risco dessa tese foi classificado como "perda possível", com base na seguinte justificativa:

> 01: PIS e COFINS. Base de cálculo, inclusão do ICMS.
>
> Ré: União
>
> Passivo Contingente
>
> Risco: Possível – artigo 3º, II, "e" e § 2º. Justificativa: julgado pelo Plenário do STF em repercussão geral desfavorável à Fazenda Pública. Houve oposição de embargos de declaração pela PGFN postulando a modulação dos efeitos da decisão.
>
> Objeto: questiona-se a inclusão da parcela relativa ao ICMS na base de cálculo da contribuição para o PIS e da COFINS (sistemática da tributação por dentro).
>
> Instância: STF
>
> Estimativa de Impacto: conforme dados da Receita Federal do Brasil, impacto estimado de R$89,44 bilhões, no período de 2003 a 2008. Este valor foi atualizado pela Nota Cetad/Coest nº 146, de 7 de outubro de 2014, utilizando a SELIC como indexador e chegou-se ao seguinte valor: 2003 a 2008: R$ 133,6bilhões, totalizando um valor de devolução aos contribuintes em caso de derrota da União de R$ 250,3 bilhões e uma perda de arrecadação projetada para 2015 de R$ 27,12 bilhões. Para o ano de 2016 foi fornecido um novo cálculo pela Receita Federal do Brasil, em 02.06.2016, no valor de R$ 19,7 bilhões e para o período de 2012 a 2016 um valor de R$ 101,7 bilhões.

A fundamentação utilizada para a classificação do grau de risco como "perda provável foi o artigo 3º, II, "e" da Portaria AGU nº 40/2015:

> Art. 3º A classificação das ações quanto à probabilidade de perda observará os seguintes critérios:
>
> (...)
>
> II – Risco Possível:
>
> (...)
>
> e) quando a ação tramitar no STF sem decisão de mérito proferida pelo órgão colegiado, desde que tenha havido decisão desfavorável do tribunal a quo.

Entretanto, essa fundamentação não poderia ser mais aplicada a essa tese, tendo em vista que o julgamento de mérito já ocorreu desde Março de 2017, devendo essa classificação ser alterada para "perda provável", com base na seguinte fundamentação da referida Portaria:

> Art. 3º A classificação das ações quanto à probabilidade de perda observará os seguintes critérios:
>
> I – Risco Provável:
>
> (...)
>
> c) quando houver decisão de órgão colegiado do STF desfavorável à Fazenda Pública proferida em recurso extraordinário com repercussão geral reconhecida, ainda que pendente a publicação do acórdão ou o julgamento dos embargos de declaração;

Portanto, percebe-se que o Anexo de Riscos Fiscais não tem sido elaborado como determina a legislação nacional, sendo um entrave para que os contribuintes e a Fazenda Pública saibam, com maior clareza, qual será o real impacto nas contas públicas.

Vale destacar que, em 25.10.2018, ainda foi editada a Portaria AGU nº 318/2018, a qual alterou alguns dispositivos da Portaria AGU nº 40/2015 para restringir as hipóteses em que o grau de risco seria avaliado como "provável", de forma a evitar a provisão de valores que seriam necessários para custear o impacto negativo ao Erário.

Além disso, a Portaria AGU nº 318/2018 também alterou a forma de cálculo das estimativas de perda arrecadatória. A partir da edição da referida norma, as estimativas de perda serão calculadas considerando apenas (i) 1 ano para o futuro e (ii) os 5 anos pretéritos.

Novamente citando o tema da exclusão do ICMS da base de cálculo do PIS e da COFINS, não consta mais no projeto de lei da LDO de 2020[45] o conhecido impacto de R$ 250 bilhões. No citado projeto, consta apenas o impacto de (i) R$ 45, 8 bilhões para o próximo ano e (ii) R$ 229 bilhões para os últimos 5 anos.

Dessa forma e no entender do presente trabalho, as mudanças trazidas pela Portaria AGU nº 318/2018 dificultaram ainda mais a organização orçamentária e impossibilitaram a verificação o efetivo impacto orçamentário para os temas tributários cuja discussão se alonga por mais de cinco anos.

Como se isso não bastasse, cabe ainda ressaltar que nem mesmo os números trazidos no Anexo de Riscos Fiscais possuem alto grau de confiabilidade. Em artigo publicado no JOTA em 4.9.2017, Tathiane Piscitelli expôs os motivos pelos quais a Suprema Corte não deveria confiar na estimativa de impacto de R$ 250 bilhões[46].

Diante de todo esse cenário e visando conferir objetividade ao critério da previsibilidade, no entender do presente trabalho todo eventual impacto tributário, cujo tema processual em debate ultrapasse R$ 1 bilhão, deve estar previsto na LDO de cada ente federativo, com a respectiva atualização de forma anual, além da adequação do grau de risco com a respectiva situação processual.

Portanto, o critério da previsibilidade pode ser assim resumido:

| Critério da Previsibilidade |
|---|
| 1. O tema sob análise do Poder Judiciário deve ter estimativa de impacto igual ou superior a um bilhão de reais; |
| 2. O valor do possível impacto deve ser apresentado com dados que comprovem a metodologia de cálculo que resultou naquele montante e não apenas a indicação de um valor sem qualquer fundamentação; |
| 3. O montante indicado deve ser atualizado anualmente, em cada LDO; e |
| 4. O grau de risco de cada tema deve corresponder à situação processual a que o tema está sujeito. |

[45] Projeto de Lei nº 5/2019, que dispõe sobre a LDO de 2020.

[46] Piscitelli, Tathiane dos Santos. Vasconcelos, Breno Ferreira Martins. Matthiesen, Maria Raphaela Dadona. Artigo publicado em 4.9.2017, para divulgação eletrônica no JOTA. <https://www.jota.info/opiniao-e-analise/artigos/porque-o-stf-nao-deve-confiar-no--impacto-de-r-250-bi-04092017>

Uma vez preenchidos todos esses requisitos, o critério da previsibilidade do impacto financeiro está configurado para fins de análise do pleito de modulação dos efeitos das decisões.

O segundo requisito a ser cumprido para que o efeito *ex nunc* seja acolhido envolve a expressividade dos números apresentados.

De acordo com esse segundo requisito cumulativo, o montante apontado como impacto financeiro deve ser expressivo, em valores que demonstrem, de forma significativa, o desfalque ao orçamento daquele ente federativo.

Com base na pesquisa jurisprudencial formulada para o presente trabalho, foi possível constatar que o STF já se posicionou, para cada ente federativo, sobre os critérios que preenchem o requisito da expressividade, como demonstrado no quadro abaixo:

| Critérios para fins de configuração do excepcional interesse social | |
|---|---|
| Recurso Extraordinário nº 401.953 | Cotas de participação dos Municípios no ICMS, no período de dez anos. |
| Recurso Extraordinário nº 556.664 | Cinco anos de contribuições previdenciárias |
| Recurso Extraordinário nº 559.943 | Cinco anos de contribuições previdenciárias |
| Recurso Extraordinário nº 560.626 | Cinco anos de contribuições previdenciárias |
| Ação Direta de Inconstitucionalidade nº 875 | Fundo de participação dos estados, no período de vinte anos |

Todavia, resta saber, numericamente, quanto cada um desses critérios representa, para que se possa evoluir no critério da expressividade.

No âmbito federal, o parâmetro que ensejou a modulação pelo STF foi o de cinco anos de recolhimento das contribuições previdenciárias. Mas afinal, o que isso representa?

De acordo com dados divulgados pelo então denominado Ministério da Fazenda[47], pode-se extrair o valor arrecadado com as contribuições previdenciárias ao final de cada ano.

Levando-se em consideração o valor arrecadado nos últimos anos com as receitas previdenciárias, chegou-se ao seguinte montante:

| Valores para Configuração do Critério da Expressividade | |
|---|---|
| **União Federal** | |
| **Critério fixado: 5 anos de contribuições previdenciárias.** | |
| **2018** | R$ 423.061.000.000,00 |
| **2017** | R$ 407.536.000.000,00 |
| **2016** | R$ 389.212.000.000,00 |
| **2015** | R$ 379.449.000.000,00 |
| **2014** | R$ 367.050.000.000,00 |
| **Valor nominal total:** | **R$ 1.966.308.000.000,00** |

Ao declarar a inconstitucionalidade do prazo que previa a repetição de indébito no período de dez anos, para fosse mantido apenas o período de cinco anos, a Suprema Corte, ainda que de forma indireta, entendeu que cinco anos de arrecadação previdenciária seria suficiente para ensejar a modulação.

Entretanto, não foi disposto no acórdão o quanto esses cinco anos representariam. Partindo-se da premissa de que todos os valores arrecadados em cinco anos seriam devolvidos com as ações de repetição de indébito, em um cenário hipotético, chegou-se ao número apresentado na tabela acima.

Após a análise dos valores divulgados pelo próprio Governo Federal, pode-se concluir que os valores ali em discussão superam significativa-

[47] Os links que resultaram nos dados apresentados no presente trabalho estão dispostos na bibliografia.

mente os outros temas tributários, a exemplo do tema da exclusão do ICMS na base de cálculo, que hoje se discute se o valor envolvido superaria ou não os R$ 250 bilhões.

Em que pese a Fazenda Pública constantemente tente alegar esse tema como um precedente para os casos futuros, aparentemente não foi constatado que a aplicação desse precedente, na prática, apenas afastará a modulação nos processos pleiteados, pois os valores envolvidos nesse julgamento pretérito são superiores aos montantes envolvidos nos temas tributários que ainda estão pendentes de definição.

Vale ressaltar que os valores apontados não foram atualizados pela inflação, sendo valores nominais, que ainda precisariam de uma atualização até a data em que a Suprema Corte analisasse outro tema tributário.

No que se refere aos estados, o parâmetro utilizado pelo STF para fins de modulação teve como base o recolhimento, durante vinte anos, do fundo de participação.

Utilizando-se o estado de São Paulo como exemplo e diante dos dados apresentados pela própria União Federal[48], que repassou esses valores, chegou-se ao seguinte montante correspondente[49]:

| **Estado de São Paulo** | |
|---|---|
| **Critério fixado: 20 anos do FPE (1999 a 2018)** | |
| **Valor total nominal:** | **R$ 7.670.540.860,24** |

Diante desse cenário, para o estado de São Paulo, apenas valores a partir de R$ 7,67 bilhões poderiam ensejar a análise da modulação para aquele Estado. Vale lembrar que cada Estado possui a sua realidade fiscal e esse valor depende do valor recebido por cada unidade federativa.

Novamente, no entender do presente trabalho, esses valores ainda deveriam ser atualizados pela inflação até a data de julgamento em que o STF analisasse outro tema tributário.

[48] Os dados obtidos podem ser acessados em: < http://sisweb.tesouro.gov.br/apex/f?p=2600:1>

[49] A soma dos valores está detalhada no Anexo 2 ao presente trabalho.

Por último, existe o montante analisado pelo STF para os municípios. De acordo com o que foi decidido nos autos do Recurso Extraordinário nº 401.953, o repasse do ICMS aos municípios, no período de dez anos, seria suficiente para acolhimento da modulação envolvendo o impacto financeiro.

O valor que representa esse período, se levado em consideração apenas o município de São Paulo, pode ser resumido na tabela abaixo:

| Município de São Paulo | | |
|---|---|---|
| **Critério fixado: 10 anos do repasse do ICMS** | | |
| **Ano** | 2018 | R$ 5.756.013.089,38 |
| **Ano** | 2017 | R$ 5.556.711.373,30 |
| **Ano** | 2016 | R$ 5.354.845.444,70 |
| **Ano** | 2015 | R$ 5.461.821.969,98 |
| **Ano** | 2014 | R$ 5.442.112.379,68 |
| **Ano** | 2013 | R$ 5.555.427.810,37 |
| **Ano** | 2012 | R$ 4.922.388.815,15 |
| **Ano** | 2011 | R$ 4.652.721.839,03 |
| **Ano** | 2010 | R$ 4.272.593.769,98 |
| **Ano** | 2009 | R$ 3.679.560.589,08 |
| **Valor total nominal:** | | **R$ 50.654.197.080,65** |

Portanto, caso fosse aplicado o entendimento firmado pelo STF nesse julgamento, para o município de São Paulo o critério da expressividade resultaria no valor de R$ 50,65 bilhões.

De todo modo, tendo em vista que os valores trazidos são nominais, ou seja, sem a atualização desde a elaboração dos cálculos históricos até os dias atuais, a tendência é que a diferença entre o estado e o município de São Paulo se reduza, já que os estados possuem a seu favor uma atualização de valores em aproximadamente vinte anos, enquanto que o município de São Paulo apenas em dez.

Apesar de o STF já ter se posicionado, em julgamentos isolados, sobre o montante considerado como expressivo para cada ente federativo, no entender do presente trabalho tais valores não devem estar necessariamente presentes para fins de modulação e nem sequer são estanques. O que se defende é que o preenchimento do requisito da expressividade ocorrerá quando a Fazenda Pública trouxer dados empíricos concretos, com anexos, e demonstrando toda metodologia de cálculo utilizada para chegar no montante apontado como perda arrecadatória.

Não basta, portanto, a simples indicação de valor numérico nos autos, inclusive porque, como já demonstrado linhas acima, os critérios da AGU para o cálculo do suposto prejuízo orçamentário não são claros, em especial após a edição da Portaria nº 318/2018, que dificultou ainda mais a constatação do efetivo impacto orçamentário.

Deve-se, portanto, ter em mente que o orçamento público deve ser elaborado de forma condizente com a realidade financeira de cada ente federativo, sem que sejam utilizados quaisquer artifícios que possam mascarar a verdadeira situação das contas públicas.

Ademais, não é suficiente que o impacto financeiro seja previsível e expressivo. Como a própria Lei nº 9.868/1999 dispõe, em seu artigo 27, deve restar configurado o "excepcional interesse social", de modo que o terceiro critério a ser cumprido, cumulativamente, é o social.

Entende-se como social aquele impacto que não apenas atrapalharia as contas públicas, como também resultaria na impossibilidade de manutenção dos serviços públicos daquele ente federativo.

Assim, não se trataria apenas de um valor alto e previsível, sendo aquele valor que deixaria de ser arrecadado extremamente prejudicial para a sociedade como um todo, que deixaria de usufruir de serviços básicos estatais.

Sobre o tema, a Ministra Carmen Lúcia, em mais de um julgamento, já se posicionou nesse mesmo sentido:

> Primeiro, a Constituição, como lembrou o Ministro Marco Aurélio, aliás, de maneira muito firme tem repetido aqui que essa é uma constituição rígida que, uma vez afrontada, tendo sido afrontada, e, a não ser em situ-

> ações excepcionalíssimas, em que a execução do que nós decidimos gere mais problemas sociais, principalmente, não econômicos ou financeiros, mas sociais, que realmente poderiam ensejar uma prática dessa natureza em caráter excepcionalíssimo, nós temos de manter até o que é pedagógico para os órgãos do Estado. Não se pode afrontar a Constituição, nem nós aqui, que nos submetemos à Constituição, nem o Congresso Nacional, nem o Poder Executivo. Errou, eu pago na minha vida pessoal e o Estado paga quando ele erra. Então, não se pode fazer realmente disso uma prática comum.

Para fins de configuração desse requisito social, caberá ao ente federativo apontar, em confronto analítico com a sua Lei Orçamentária Anual, que aquele valor que deixará de ingressar aos cofres públicos resultará na impossibilidade de manutenção dos serviços básicos estatais.

Uma vez ultrapassada essa última etapa, existirá um impacto financeiro previsível, expressivo e social, que no entender do presente trabalho é suficiente para configuração do "excepcional interesse social".

# Conclusões

A modulação dos efeitos das decisões não é um instituto presente apenas no Brasil. Trata-se da possibilidade de conferir efeito prospectivo à uma decisão judicial que, caso fosse aplicada de forma indiscriminada, ou seja, sem qualquer corte temporal, acabaria por ser mais prejudicial aos jurisdicionados.

Com fundamento nessas situações cuja declaração de nulidade poderia distanciar-se ainda mais da vontade constitucional, foi possibilitado ao STF, após a edição da Lei nº 9.868/1999, declarar que as suas decisões passassem a ter efeito prospectivo.

Em que pese a redação do artigo 27 da Lei nº 9.868/1999 limite a aplicação da modulação para hipóteses de declaração de inconstitucionalidade abstrata, foi demonstrado que a jurisprudência da Suprema Corte passou a estender essa possibilidade para o controle difuso de constitucionalidade, bem como para hipóteses que envolvam mudanças jurisprudenciais sobre a interpretação do texto constitucional.

Dito isso, vale esclarecer que a regra geral para a declaração de inconstitucionalidade das normas permanece sendo aquela com efeitos retroativos. O que se passou a permitir, que reste claro, foi uma exceção à essa regra geral, quando estivesse configurado o requisito da (i) segurança jurídica ou do (ii) excepcional interesse social.

Uma vez preenchidos esses requisitos, de forma alternativa e não cumulativa, poderá a Suprema Corte limitar a sua declaração de inconstitucionalidade. Mais recentemente, o Código de Processo Civil de 2015, em seu artigo 927, §3º, ainda expandiu essa possibilidade aos demais

Tribunais e juízes, que poderão, em cada caso concreto e em respeito à alteração da jurisprudência dominante, aplicar o efeito prospectivo.

Além da apresentação do instituto da modulação, do seu histórico normativo no país e do posicionamento da doutrina brasileira sobre o tema, no capítulo 1 deste trabalho ainda foi constatado que, antes da edição da Lei nº 9.868/1999, a jurisprudência da Suprema Corte rechaçava a possibilidade de modulação nos processos de natureza tributária.

Em razão disso, foi necessário efetuar um levantamento quantitativo e qualitativo de todas as decisões do Supremo Tribunal Federal em que houve um debate sobre a modulação nos processos de natureza tributária, desde a entrada em vigor da Lei nº 9.868/1999.

Após a análise minuciosa dessas decisões e da apresentação das principais teses tributárias no capítulo 2, com diversos questionamentos específicos para cada caso concreto, que se encontram descritos no ANEXO 2, foi demonstrado o efetivo posicionamento da Suprema Corte quando há uma discussão envolvendo a "segurança jurídica" e o "excepcional interesse social".

No entender do presente trabalho, a segurança jurídica está relacionada com a manutenção da própria jurisprudência da Suprema Corte, a fim de se evitar surpresas prejudiciais a todos aqueles que agiam baseados no entendimento até então pacífico sobre determinado tema. Por esse requisito estar intrinsicamente relacionado com a uniformidade das decisões judiciais, uma vez constatada mudança de entendimento, poderá a Corte Constitucional modular os efeitos da sua decisão.

Se por um lado a "segurança jurídica" tem se tornado um conceito cada vez mais claro no âmbito da jurisprudência do STF, com uma previsibilidade maior sobre quando ocorrerá a modulação com base nesse fundamento, o requisito do "excepcional interesse social" ainda não se encontra nessa situação.

O excepcional interesse social possui uma terminologia mais abstrata. De todo modo, é imprescindível esclarecer que é nesse fundamento que está inserido o argumento financeiro consequencialista, uma vez que apenas com um impacto gravíssimo e excepcional às contas públicas que se poderá iniciar a discussão sobre a existência ou não de interesse social suficiente para resultar na modulação dos efeitos de uma decisão judicial.

Como a jurisprudência do STF mostrou que o argumento financeiro é suficiente para fins de modulação, os casos nos quais ocorreu a aplicação desse instituto foram analisados de forma minuciosa, com a finalidade de se compreender qual foi o ponto em comum entre as decisões proferidas.

Com o término da pesquisa efetuada, averiguou-se que a Suprema Corte já havia se pronunciado, para cada ente federativo, sobre os critérios que seriam suficientes para fins de configuração do "excepcional interesse social" e consequente acolhimento da modulação.

Não bastasse a análise desses critérios, também foi analisada toda a linha de argumentação da Fazenda Pública nos processos tributários, desde a edição da Lei nº 9.868/1999, com o intuito de se conferir até que ponto as decisões judiciais foram influenciadas pelo argumento financeiro consequencialista.

Após a identificação das quatro principais estratégias utilizadas pela Fazenda Pública nos últimos anos, verificou-se que a argumentação utilizada tem se tornado cada vez mais incisiva em relação ao impacto financeiro. Por outro lado, a resposta da Suprema Corte tem sido na mesma intensidade, já que o simples apontamento de determinado número fictício por parte do Fisco, ainda que baseado em uma nota técnica, não tem sensibilizado os Ministros do STF a conferirem o efeito prospectivo em suas decisões.

Diante disso e visando conferir maior objetividade ao tema, concluiu-se que a modulação dos efeitos somente deve ser acolhida quando o argumento financeiro resultar em impacto (i) previsível; (ii) expressivo; e (iii) social.

Dessa forma, no capítulo 3 foram descritos os conceitos desses três requisitos cumulativos e como cada um deles restaria configurado para fins de aplicação do efeito prospectivo.

O requisito da previsibilidade estaria caracterizado se todo eventual impacto tributário processual que ultrapassasse R$ 1 bilhão estivesse previsto na LDO de cada ente federativo, com a respectiva atualização de forma anual, além da adequação do grau de risco com a situação do processo.

O segundo requisito a ser cumprido para que o efeito *ex nunc* seja acolhido envolve a expressividade dos números apresentados. De acordo com esse segundo requisito cumulativo, os valores apontados como impacto financeiro devem ser expressivos, em valores que realmente demonstrem que aquele montante desfalcará de forma significativa o orçamento daquele ente federativo.

Em que pese o STF já tenha se pronunciado em julgamentos isolados sobre o montante considerado como expressivo para cada ente federativo, no entender do presente estudo tais valores não são obrigatoriamente necessários para fins de modulação. Para fins de preenchimento desse requisito, a Fazenda Pública trazer dados empíricos concretos, com metodologia de cálculo e profunda análise sobre a estimativa de perda arrecadatória.

A configuração do requisito social, por sua vez, dependerá de o ente federativo apontar, em confronto analítico com a sua Lei Orçamentária Anual, que aquele valor que deixará de ingressar aos cofres públicos resultará na impossibilidade de manutenção dos serviços básicos estatais.

Uma vez ultrapassada essa última etapa, existirá um impacto financeiro previsível, expressivo e social, que, no entender do presente trabalho, é suficiente para configuração do "excepcional interesse social", previsto no artigo 27 da Lei nº 9.868/1999.

Espera-se, com a apresentação dessas conclusões, que tais critérios passem a ser utilizados pela Suprema Corte e assim se tenha maior objetividade quando o impacto financeiro for suscitado para o debate, assim como ocorreu, nos últimos anos, com o conceito de "segurança jurídica".

Portanto, o objetivo geral deste trabalho foi sofisticar o debate e estabelecer limites mais claros para a modulação de efeitos, a fim de que o tema deixe de ser subjetivo e possa, assim, auxiliar tanto os contribuintes, que saberão o alcance dos seus direitos, como a Fazenda Pública, que poderá organizar seu orçamento de forma mais condizente com sua realidade financeira.

# REFERÊNCIAS


ANDRADE, Fábio Martins de. *Modulação & STF*. 1ª ed., Editora Lumen Juris, Rio de Janeiro, 2016.

ANDRADE, Fábio Martins de. *Modulação em Matéria Tributária*. Editora Quartier Latin do Brasil, São Paulo, 2011.

ÁVILA, Humberto. *Segurança Jurídica*. Editora Malheiros, São Paulo, 2011.

BARBASSA, Sarah Mila. Artigo publicado na coluna "Pauta Fiscal" em 20.9.2018, para divulgação eletrônica no JOTA. <https://www.jota.info/paywall?redirect_to=//www.jota.info/opiniao-e-analise/colunas/pauta-fiscal/lindb-e-modulacao-dos-efeitos-das-decisoes-em-materia-tributaria-20092018>

BARROSO, Luís Roberto. *Curso de Direito Constitucional Contemporâneo*. 1ª ed., Editora Saraiva, 2009.

BECKER, Alfredo Augusto. *Teoria Geral do Direito Tributário*. 3ª ed., Editora Lejus, São Paulo, 1998.

CÂMARA, Alexandre Freitas. *O Novo Processo Civil Brasileiro*. 2ª ed., Editora Atlas, São Paulo, 2016.

COÊLHO, Sacha Calmon Navarro. *Curso de Direito Tributário Brasileiro*, 15ª ed., Editora Forense, Rio de Janeiro, 2016.

FALCÃO, Joaquim. *O Supremo*. 1ª ed., Editora Edições de Janeiro, Rio de Janeiro, 2015.

JÚNIOR, Luiz Emygdio F. da Rosa. *Manual de Direito Financeiro & Direito Tributário*. 19ª ed., Rio de Janeiro, 2006.

MENDES, Gilmar Ferreira. *Curso de Direito Constitucional*. 13ª ed., Editora Saraiva, São Paulo, 2018.

MORAES, Alexandre de. *Direito Constitucional*. 24ª ed., Editora Atlas, São Paulo, 2018.

PISCITELLI, Tathiane dos Santos. *Argumentando pelas consequências no Direito Tributário*, Editora Noeses, São Paulo, 2012.

PISCITELLI, Tathiane dos Santos. VASCONCELOS, Breno Ferreira Martins. MATTHIESEN, Maria Raphaela Dadona. Artigo publicado em 4.9.2017, para divulgação eletrônica no JOTA. <https://www.jota.info/opiniao-e-analise/artigos/porque-o-

-stf-nao-deve-confiar-no-impacto-de-r-250-bi-04092017>

<www.decisões.com.br>

<www.planalto.gov.br>

< https://www.fazenda.sp.gov.br/RepasseConsulta/Consulta/repasse.aspx>

< http://sisweb.tesouro.gov.br/apex/f?p=2600:1>

<http://www.portaltransparencia.gov.br/>

<http://stf.jus.br/portal/principal/principal.asp>

< http://www.planalto.gov.br/ccivil_03/Constituicao/Constituicao24.htm>

< http://www.planalto.gov.br/ccivil_03/Constituicao/Constituicao91.htm>

< http://www.planalto.gov.br/ccivil_03/Constituicao/Constituicao34.htm>

< http://www.planalto.gov.br/ccivil_03/Constituicao/Constituicao37.htm>

< http://www.planalto.gov.br/ccivil_03/Constituicao/Constituicao46.htm>

< http://www.planalto.gov.br/ccivil_03/Constituicao/Constituicao67.htm>

< http://www.planalto.gov.br/ccivil_03/Constituicao/Constituicao.htm>

< http://www.planalto.gov.br/ccivil_03/_Ato2015-2018/2015/Lei/L13105.htm>

< http://www.planalto.gov.br/ccivil_03/decreto-lei/Del4657compilado.htm>

<http://receita.economia.gov.br/dados/receitadata/arrecadacao/relatorios-do-resultado-da-arrecadacao/arrecadacao-2018/dezembro2018/analise-mensal-dez-2018.pdf>

<http://receita.economia.gov.br/dados/receitadata/arrecadacao/relatorios-do-resultado-da-arrecadacao/arrecadacao-2017/dezembro2017/analise-mensal-dez-2017.pdf>

<http://receita.economia.gov.br/dados/receitadata/arrecadacao/relatorios-do-resultado-da-arrecadacao/arrecadacao-2016/dezembro2016/analise-mensal-dez-2016.pdf>

<http://receita.economia.gov.br/dados/receitadata/arrecadacao/relatorios-do-resultado-da-arrecadacao/arrecadacao-2015/dezembro2015/analise-mensal-dez-2015.pdf>

<http://receita.economia.gov.br/dados/receitadata/arrecadacao/relatorios-do-resultado-da-arrecadacao/2014/dezembro2014/analise-mensal-dez-2014.pdf>

# ANEXO 1 – Lista das decisões do STF encontradas na pesquisa e analisadas

| Número | Processo | Relator | Tema em Debate | Data do Julgamento de mérito | Tipo de Decisão |
|---|---|---|---|---|---|
| 1 | AI 417014 AgR | Celso de Mello | IPTU, TIP e TCLLP | 18.6.2003 | segunda turma |
| 2 | AI 440881 AgR | Eros Grau | IPTU | 14.6.2005 | primeira turma |
| 3 | AI 490875 AgR | Celso de Mello | IPTU, TIP e TCLLP | 21.2.2006 | segunda turma |
| 4 | AI 453071 AgR | Celso de Mello | IPTU | 21.2.2006 | segunda turma |
| 5 | AI 467843 AgR | Celso de Mello | IPTU | 21.2.2006 | segunda turma |
| 6 | RE 395902 AgR | Celso de Mello | IPTU | 7.3.2006 | segunda turma |
| 7 | AI 421354 AgR | Celso de Mello | IPTU | 7.3.2006 | segunda turma |
| 8 | RE 371089 AgR | Celso de Mello | IPTU, TIP e TCLLP | 7.3.2006 | segunda turma |
| 9 | AI 589281 AgR | Celso de Mello | IPTU | 5.9.2006 | segunda turma |
| 10 | AI 582280 AgR | Celso de Mello | IPTU | 12.9.2006 | segunda turma |
| 11 | AI 589789 AgR | Celso de Mello | IPTU | 12.9.2006 | segunda turma |

| | | | | | |
|---|---|---|---|---|---|
| 12 | RE 293710 AgR | Ricardo Lewandowski | IPTU, TIP e TCLLP | 19.9.2006 | primeira turma |
| 13 | RE 338859 AgR | Sepúlveda Pertence | IPTU e TCDL | 10.10.2006 | primeira turma |
| 14 | RE 489428 AgR | Eros Grau | IPTU | 24.10.2006 | segunda turma |
| 15 | AI 592861 AgR | Eros Grau | IPTU | 7.11.2006 | segunda turma |
| 16 | AI 591311 AgR | Joaquim Barbosa | IPTU | 21.11.2006 | segunda turma |
| 17 | AI 531013 AgR | Joaquim Barbosa | IPTU, TIP e TCLLP | 21.11.2006 | segunda turma |
| 18 | AI 517406 AgR | Joaquim Barbosa | IPTU, TIP e TCLLP | 21.11.2006 | segunda turma |
| 19 | AI 560305 AgR | Joaquim Barbosa | IPTU, TIP e TCLLP | 21.11.2006 | segunda turma |
| 20 | AI 478721 AgR | Joaquim Barbosa | IPTU, TIP e TCLLP | 21.11.2006 | segunda turma |
| 21 | RE 440344 AgR | Gilmar Mendes | IPTU | 28.11.2006 | segunda turma |
| 22 | RE 442310 AgR | Gilmar Mendes | IPTU | 28.11.2006 | segunda turma |
| 23 | RE 443348 AgR | Gilmar Mendes | IPTU | 28.11.2006 | segunda turma |
| 24 | AI 508045 AgR | Joaquim Barbosa | IPTU | 5.12.2006 | segunda turma |
| 25 | AI 481189 AgR | Joaquim Barbosa | IPTU, TIP e TCLLP | 12.12.2006 | segunda turma |
| 26 | RE 368118 AgR | Celso de Mello | IPTU | 18.12.2006 | segunda turma |
| 27 | AI 612075 AgR | Eros Grau | IPTU e TIP | 6.2.2007 | segunda turma |
| 28 | RE 497403 AgR | Celso de Mello | IPTU | 13.2.2007 | segunda turma |
| 29 | AI 613379 AgR | Eros Grau | IPTU e TCLD | 27.2.2007 | segunda turma |

| | | | | | |
|---|---|---|---|---|---|
| 30 | AI 438366 AgR-AgR | Eros Grau | IPTU | 27.2.2007 | segunda turma |
| 31 | AI 467841 AgR | Joaquim Barbosa | IPTU | 13.3.2007 | segunda turma |
| 32 | AI 560359 AgR | Gilmar Mendes | IPTU, TIP e TCLLP | 13.3.2007 | segunda turma |
| 33 | AI 573560 AgR | Eros Grau | IPTU | 27.3.2007 | segunda turma |
| 34 | RE 516296 AgR | Joaquim Barbosa | TCLLP | 10.4.2007 | segunda turma |
| 35 | AI 623838 AgR | Eros Grau | TIP e TCLLP | 17.4.2007 | segunda turma |
| 36 | RE 510336 AgR | Eros Grau | IPTU, TIP e TCLLP | 17.4.2007 | segunda turma |
| 37 | RE 353508 AgR | Celso de Mello | IPTU | 15.5.2007 | segunda turma |
| 38 | RE 401953 | Joaquim Barbosa | Repartição de Receitas do ICMS | 16.5.2007 | pleno |
| 39 | AI 641033 AgR | Joaquim Barbosa | IPTU | 19.6.2007 | segunda turma |
| 40 | AI 638361 AgR | Celso de Mello | IPTU, TIP e TCLLP | 19.6.2007 | segunda turma |
| 41 | RE 370682 | Gilmar Mendes | Crédito de IPI sobre aquisição de MP isenta, não tributada ou alíquota zero. | 25.6.2007 | pleno |
| 42 | RE 353657 | Marco Aurélio | Crédito de IPI sobre aquisição de MP isenta, não tributada ou alíquota zero. | 25.6.2007 | pleno |
| 43 | AI 652702 AgR | Eros Grau | IPTU | 4.9.2007 | segunda turma |
| 44 | AI 513234 AgR | Joaquim Barbosa | IPTU | 4.9.2007 | segunda turma |
| 45 | AI 634030 AgR | Eros Grau | IPTU, TIP e TCLLP | 4.9.2007 | segunda turma |

| | | | | | |
|---|---|---|---|---|---|
| 46 | AI 650000 AgR | Joaquim Barbosa | TIP e TCLLP | 4.9.2007 | segunda turma |
| 47 | AI 633563 AgR | Celso de Mello | COFINS - Isenção para sociedades civis concedida pela LC 70/91 e revogada pelo Lei 9.430/96 | 18.9.2007 | segunda turma |
| 48 | AI 557237 AgR | Joaquim Barbosa | IPTU | 18.9.2007 | segunda turma |
| 49 | RE 553223 AgR | Joaquim Barbosa | ISS sobre locação de bens móveis | 6.11.2007 | segunda turma |
| 50 | AI 681730 AgR | Celso de Mello | IPTU, TIP e TCLLP | 13.11.2007 | segunda turma |
| 51 | RE 442309 AgR | Gilmar Mendes | IPTU | 13.11.2007 | segunda turma |
| 52 | RE 487567 AgR | Eros Grau | IPTU | 20.11.2007 | segunda turma |
| 53 | RE 273074 AgR | Cezar Peluso | TCLLP | 18.12.2007 | segunda turma |
| 54 | RE 526335 AgR | Ellen Gracie | COFINS - Isenção para sociedades civis concedida pela LC 70/91 e revogada pelo Lei 9.430/96 | 18.12.2007 | segunda turma |
| 55 | RE 574052 AgR | Celso de Mello | COFINS - Isenção para sociedades civis concedida pela LC 70/91 e revogada pelo Lei 9.430/96 | 11.3.2008 | segunda turma |
| 56 | RE 561023 AgR | Eros Grau | Creditamento de IPI na aquisição de insumos sujeitos à alíquota zero ou não-tributados | 1.4.2008 | segunda turma |
| 57 | RE 372005 AgR | Eros Grau | Creditamento de IPI na aquisição de insumos sujeitos à alíquota zero ou não-tributados | 29.4.2008 | segunda turma |

| | | | | | |
|---|---|---|---|---|---|
| 58 | AI 706866 AgR | Eros Grau | COFINS - Isenção para sociedades civis concedida pela LC 70/91 e revogada pelo Lei 9.430/96 | 10.6.2008 | segunda turma |
| 59 | RE 556664 | Gilmar Mendes | Prescrição e Decadência | 11 e 12.6.2008 | pleno |
| 60 | RE 559943 | Carmen Lúcia | Prescrição e Decadência | 12.6.2008 | pleno |
| 61 | RE 560626 | Gilmar Mendes | Prescrição e Decadência | 12.6.2008 | pleno |
| 62 | RE 500171 | Ricardo Lewandowski | Taxa de matrícula em universidades públicas | 13.8.2008 | pleno |
| 63 | RE 377457 | Gilmar Mendes | COFINS - Isenção para sociedades civis concedida pela LC 70/91 e revogada pelo Lei 9.430/96 | 17.9.2008 | pleno |
| 64 | RE 497270 AgR | Carmen Lúcia | COFINS - Isenção para sociedades civis concedida pela LC 70/91 e revogada pelo Lei 9.430/96 | 30.9.2008 | primeira turma |
| 65 | RE 467169 AgR | Carmen Lúcia | COFINS - Isenção para sociedades civis concedida pela LC 70/91 e revogada pelo Lei 9.430/96 | 30.9.2008 | primeira turma |
| 66 | RE 402098 AgR | Cezar Peluso | COFINS - Isenção para sociedades civis concedida pela LC 70/91 e revogada pelo Lei 9.430/96 | 30.9.2008 | segunda turma |
| 67 | RE 574007 AgR | Carmen Lúcia | COFINS - Isenção para sociedades civis concedida pela LC 70/91 e revogada pelo Lei 9.430/96 | 30.9.2008 | primeira turma |

| | | | | | |
|---|---|---|---|---|---|
| 68 | RE 518513 AgR | Carmen Lúcia | COFINS - Isenção para sociedades civis concedida pela LC 70/91 e revogada pelo Lei 9.430/96 | 30.9.2008 | primeira turma |
| 69 | RE 470963 AgR | Carmen Lúcia | COFINS - Isenção para sociedades civis concedida pela LC 70/91 e revogada pelo Lei 9.430/96 | 30.9.2008 | primeira turma |
| 70 | RE 516376 AgR | Carmen Lúcia | COFINS - Isenção para sociedades civis concedida pela LC 70/91 e revogada pelo Lei 9.430/96 | 7.10.2008 | primeira turma |
| 71 | RE 538889 AgR | Carmen Lúcia | COFINS - Isenção para sociedades civis concedida pela LC 70/91 e revogada pelo Lei 9.430/96 | 7.10.2008 | primeira turma |
| 72 | RE 456182 AgR | Joaquim Barbosa | COFINS - Isenção para sociedades civis concedida pela LC 70/91 e revogada pelo Lei 9.430/96 | 21.10.2008 | segunda turma |
| 73 | RE 386954 AgR | Carmen Lúcia | Creditamento de IPI na aquisição de insumos sujeitos à alíquota zero ou não-tributados | 28.10.2008 | primeira turma |
| 74 | AI 645452 AgR | Carmen Lúcia | COFINS - Isenção para sociedades civis concedida pela LC 70/91 e revogada pelo Lei 9.430/96 | 28.10.2008 | primeira turma |
| 75 | RE 547630 ED | Carmen Lúcia | COFINS - Isenção para sociedades civis concedida pela LC 70/91 e revogada pelo Lei 9.430/96 | 28.10.2008 (ED convertidos em agravo regimental) | primeira turma |

| | | | | | |
|---|---|---|---|---|---|
| 76 | RE 494525 AgR | Carmen Lúcia | COFINS - Isenção para sociedades civis concedida pela LC 70/91 e revogada pelo Lei 9.430/96 | 28.10.2008 | primeira turma |
| 77 | RE 419905 ED | Carmen Lúcia | Creditamento de IPI na aquisição de insumos sujeitos à alíquota zero ou não-tributados | 28.10.2008 (ED convertidos em agravo regimental) | primeira turma |
| 78 | RE 573268 AgR | Celso de Mello | COFINS - Isenção para sociedades civis concedida pela LC 70/91 e revogada pelo Lei 9.430/96 | 11.11.2008 | segunda turma |
| 79 | RE 534964 AgR | Ellen Gracie | COFINS - Isenção para sociedades civis concedida pela LC 70/91 e revogada pelo Lei 9.430/96 | 25.11.2008 | segunda turma |
| 80 | RE 587604 AgR | Celso de Mello | COFINS - Isenção para sociedades civis concedida pela LC 70/91 e revogada pelo Lei 9.430/96 | 16.12.2008 | segunda turma |
| 81 | AI 591107 AgR | Ellen Gracie | COFINS - Isenção para sociedades civis concedida pela LC 70/91 e revogada pelo Lei 9.430/96 | 10.3.2009 | segunda turma |
| 82 | RE 512891 AgR | Joaquim Barbosa | COFINS - Isenção para sociedades civis concedida pela LC 70/91 e revogada pelo Lei 9.430/96 | 17.3.2009 | segunda turma |
| 83 | RE 571734 AgR | Marco Aurélio | COFINS - Isenção para sociedades civis concedida pela LC 70/91 e revogada pelo Lei 9.430/96 | 7.4.2009 | primeira turma |

| | | | | | |
|---|---|---|---|---|---|
| 84 | AI 709691 AgR | Eros Grau | COFINS - Isenção para sociedades civis concedida pela LC 70/91 e revogada pelo Lei 9.430/96 | 28.4.2009 | segunda turma |
| 85 | AI 636933 AgR | Joaquim Barbosa | COFINS - Isenção para sociedades civis concedida pela LC 70/91 e revogada pelo Lei 9.430/96 | 26.5.2009 | segunda turma |
| 86 | RE 595512 AgR | Ellen Gracie | COFINS - Isenção para sociedades civis concedida pela LC 70/91 e revogada pelo Lei 9.430/96 | 26.5.2009 | segunda turma |
| 87 | RE 518672 AgR | Joaquim Barbosa | COFINS - Isenção para sociedades civis concedida pela LC 70/91 e revogada pelo Lei 9.430/96 | 26.5.2009 | segunda turma |
| 88 | RE 597215 AgR | Ellen Gracie | COFINS - Isenção para sociedades civis concedida pela LC 70/91 e revogada pelo Lei 9.430/96 | 26.5.2009 | segunda turma |
| 89 | RE 466649 AgR | Marco Aurélio | COFINS - Isenção para sociedades civis concedida pela LC 70/91 e revogada pelo Lei 9.430/96 | 9.6.2009 | primeira turma |
| 90 | AI 650371 AgR | Ricardo Lewandowski | COFINS - Isenção para sociedades civis concedida pela LC 70/91 e revogada pelo Lei 9.430/96 | 30.6.2009 | primeira turma |
| 91 | AI 523223 AgR | Ricardo Lewandowski | COFINS - Isenção para sociedades civis concedida pela LC 70/91 e revogada pelo Lei 9.430/96 | 30.6.2009 | primeira turma |

| | | | | | |
|---|---|---|---|---|---|
| 92 | AI 690450 AgR | Ricardo Lewandowski | COFINS - Isenção para sociedades civis concedida pela LC 70/91 e revogada pelo Lei 9.430/96 | 30.6.2009 | primeira turma |
| 93 | RE 592148 ED | Celso de Mello | COFINS - Isenção para sociedades civis concedida pela LC 70/91 e revogada pelo Lei 9.430/96 | 25.8.2009 | segunda turma |
| 94 | RE 569049 AgR | Cezar Peluso | COFINS - Isenção para sociedades civis concedida pela LC 70/91 e revogada pelo Lei 9.430/96 | 8.9.2009 | segunda turma |
| 95 | RE 524363 AgR | Ricardo Lewandowski | COFINS - Isenção para sociedades civis concedida pela LC 70/91 e revogada pelo Lei 9.430/96 | 8.9.2009 | primeira turma |
| 96 | RE 509411 AgR | Carmen Lúcia | COFINS - Isenção para sociedades civis concedida pela LC 70/91 e revogada pelo Lei 9.430/96 | 8.9.2009 | primeira turma |
| 97 | AI 709579 AgR | Carmen Lúcia | COFINS - Isenção para sociedades civis concedida pela LC 70/91 e revogada pelo Lei 9.430/96 | 15.9.2009 | primeira turma |
| 98 | AI 636980 AgR | Carmen Lúcia | COFINS - Isenção para sociedades civis concedida pela LC 70/91 e revogada pelo Lei 9.430/96 | 20.10.2009 | primeira turma |
| 99 | RE 540578 AgR | Dias Toffoli | COFINS - Isenção para sociedades civis concedida pela LC 70/91 e revogada pelo Lei 9.430/96 | 15.12.2009 | primeira turma |

| | | | | | |
|---|---|---|---|---|---|
| 100 | RE 537723 AgR | Dias Toffoli | COFINS - Isenção para sociedades civis concedida pela LC 70/91 e revogada pelo Lei 9.430/96 | 15.12.2009 | primeira turma |
| 101 | RE 438478 AgR | Dias Toffoli | COFINS - Isenção para sociedades civis concedida pela LC 70/91 e revogada pelo Lei 9.430/96 | 15.12.2009 | primeira turma |
| 102 | AI 553928 ED | Dias Toffoli | COFINS - Isenção para sociedades civis concedida pela LC 70/91 e revogada pelo Lei 9.430/96 | 15.12.2009 (ED recebidos como agravo regimental) | primeira turma |
| 103 | AI 527297 AgR | Ricardo Lewandowski | IPTU, TIP e TCLLP | 15.12.2009 (ED recebidos como agravo regimental) | primeira turma |
| 104 | RE 363852 | Marco Aurélio | Contribuição previdenciária sobre a receita bruta da comercialização da produção rural | 3.2.2010 | pleno |
| 105 | ADI 875 | Gilmar Mendes | Fundo de participação dos estados - Lei Complementar 62/89 | 24.2.2010 | pleno |
| 106 | RE 494534 ED | Dias Toffoli | COFINS - Isenção para sociedades civis concedida pela LC 70/91 e revogada pelo Lei 9.430/96 | 1.6.2010 (ED recebidos como agravo regimental) | primeira turma |
| 107 | AI 564083 ED | Ricardo Lewandowski | COFINS - Isenção para sociedades civis concedida pela LC 70/91 e revogada pelo Lei 9.430/96 | 17.8.2010 | primeira turma |

| | | | | | |
|---|---|---|---|---|---|
| 108 | RE 486094 AgR | Dias Toffoli | COFINS - Isenção para sociedades civis concedida pela LC 70/91 e revogada pelo Lei 9.430/96 | 31.8.2010 | primeira turma |
| 109 | RE 507147 AgR | Ricardo Lewandowski | COFINS - Isenção para sociedades civis concedida pela LC 70/91 e revogada pelo Lei 9.430/96 | 14.12.2010 | primeira turma |
| 110 | RE 583870 AgR | Ayres Britto | COFINS - Isenção para sociedades civis concedida pela LC 70/91 e revogada pelo Lei 9.430/96 | 22.3.2011 | segunda turma |
| 111 | ADI 3794 | Joaquim Barbosa | Benefício fiscal de ICMS | 1.6.2011 | pleno |
| 112 | RE 596177 | Ricardo Lewandowski | Contribuição previdenciária sobre a receita bruta da comercialização da produção rural | 1.8.2011 | pleno |
| 113 | AI 627770 AgR | Joaquim Barbosa | IPTU | 4.10.2011 | segunda turma |
| 114 | RE 634578 ED | Joaquim Barbosa | Contribuição previdenciária para custeio de saúde | 8.5.2012 | segunda turma |
| 115 | RE 677589 AgR | Luiz Fux | COFINS - Isenção para sociedades civis concedida pela LC 70/91 e revogada pelo Lei 9.430/96 | 29.5.2012 | primeira turma |
| 116 | RE 696321 AgR | Joaquim Barbosa | Contribuição previdenciária para custeio de saúde | 28.8.2012 | segunda turma |
| 117 | AI 479879 AgR | Dias Toffoli | IPTU | 19.3.2013 | primeira turma |
| 118 | RE 559937 | Dias Toffoli | PIS/COFINS-Importação | 20.3.2013 | pleno |

| | | | | | |
|---|---|---|---|---|---|
| 119 | RE 535085 AgR | Gilmar Mendes | taxa para custeio de serviços prestados por órgãos de segurança pública | 9.4.2013 | segunda turma |
| 120 | ARE 704846 ED | Dias Toffoli | IPTU | 28.5.2013 (ED recebidos como agravo regimental) | primeira turma |
| 121 | RE 595838 | Dias Toffoli | contribuição previdenciária | 23.4.2014 | pleno |
| 122 | RE 634398 AgR | Carmen Lúcia | Contribuição previdenciária para custeio de saúde | 3.6.2014 | segunda turma |
| 123 | ADI 429 | Luiz Fux | Benefício fiscal de ICMS | 20.8.2014 | pleno |
| 124 | ADI 4628 | Luiz Fux | ICMS sobre aquisições interestaduais em que o consumidor final adquire de forma não presencial | 17.9.2014 | pleno |
| 125 | RE 680089 | Gilmar Mendes | ICMS sobre aquisições interestaduais em que o consumidor final adquire de forma não presencial | 17.9.2014 | pleno |
| 126 | RE 504211 AgR | Dias Toffoli | PIS/COFINS-Importação | 4.11.2014 | primeira turma |
| 127 | RE 546649 AgR-ED | Roberto Barroso | Prescrição e Decadência | 10.2.2015 (ED recebidos como agravo regimental) | primeira turma |
| 128 | ADI 4481 | Roberto Barroso | Benefício fiscal de ICMS | 11.3.2015 | pleno |
| 129 | ADI 4425 | Luiz Fux | Execução da Fazenda Púbica - EC 62/2009 | 25.3.2015 | pleno |

| | | | | | |
|---|---|---|---|---|---|
| 130 | ADI 4171 | Ellen Gracie | ICMS Combustíveis - CONVÊNIO ICMS 110/2007 | 20.5.2015 | pleno |
| 131 | RE 559607 AgR | Marco Aurélio | PIS/COFINS--Importação | 25.8.2015 | primeira turma |
| 132 | RE 648282 AgR | Dias Toffoli | Execução da Fazenda Púbica - EC 62/2009 | 25.8.2015 | segunda turma |
| 133 | RE 723651 | Marco Aurélio | IPI na importação de bens para uso próprio | 4.2.2016 | pleno |
| 134 | RE 845766 AgR | Dias Toffoli | sujeito ativo do ISS incidente sobre arrendamento mercantil financeiro | 5.4.2016 | segunda turma |
| 135 | ARE 957650 | Teori Zavascki | SUFRAMA - Taxa de serviços administrativos | 6.5.2016 | pleno |
| 136 | RE 791350 AgR | Rosa Weber | PIS/COFINS--Importação | 27.9.2016 | primeira turma |
| 137 | ADPF 190 | Edson Fachin | Base de Cálculo do ISS | 29.9.2016 | pleno |
| 138 | RE 838284 | Dias Toffoli | Princípio da legalidade. Taxa cobrada em razão do exercício do poder de polícia. Anotação de Responsabilidade Técnica (ART) | 19.10.2016 | pleno |
| 139 | RE 704292 | Dias Toffoli | Princípio da legalidade. Contribuições. Conselhos Regionais | 19.10.2016 | pleno |
| 140 | RE 593849 | Edson Fachin | ICMS-ST para frente | 19.10.2016 | pleno |
| 141 | ADI 3796 | Gilmar Mendes | Benefício fiscal de ICMS | 8.3.2017 | pleno |

| | | | | | |
|---|---|---|---|---|---|
| 142 | RE 574706 | Carmen Lúcia | ICMS na base de cálculo do PIS e da COFINS | 15.3.2017 | pleno |
| 143 | RE 601720 | Edson Fachin | IPTU na cessão de bens imóveis para empresa privada | 19.4.2017 | pleno |
| 144 | RE 434251 | Edson Fachin | IPTU na cessão de bens imóveis para empresa privada | 19.4.2017 | pleno |